Helga Panten (Text)
Marion Nickig (Fotos)

Von lauschigen Lauben und herzigen Veilchen

Ein Garten-Lesebuch

Ulmer

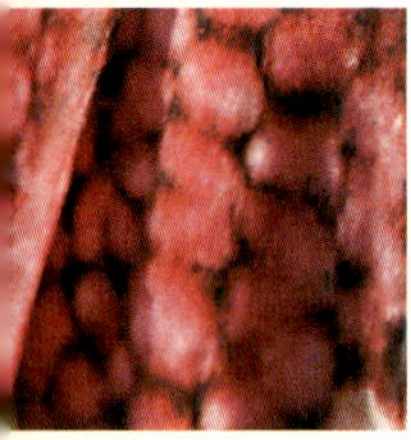

Vorwort

Stellen Sie sich vor, Sie haben lange Jahre einen Freund, eine Freundin und kennen nur das Äußere. Undenkbar, nicht wahr? Doch mit Pflanzen geht uns das meistens so. Wir schätzen viele von ihnen seit Jahren – aber kennen doch nur ihre Farben, Formen und Früchte. Wer sich jedoch intensiver mit ihnen befasst, lernt ihren Charakter und ihre Geschichte kennen. Er erfährt von der meist abenteuerlichen Entdeckung und der erstaunlichen Anpassungsfähigkeit vieler Arten, von alten Mythen und fast vergessenen Nutzungsformen.

Das „Garten-Lesebuch" gibt einen Eindruck von diesen wenig bekannten Dimensionen von Pflanze und Garten. Ergänzt werden die Informationen von praktischen Tipps für Anlage und Gestaltung sowie Hinweisen auf Arten und Sorten. Unmerklich verändert sich beim Lesen der eigene Blickwinkel. Die Achtung vor dem Grün wächst und ergänzt die Freude an der Schönheit von Blüte und Pflanze. Das Vergnügen am eigenen und an fremden Gärten mehrt sich bei der Lektüre der Seiten.

Die Kapitel dieses Buches wurden aus mehr als 200 Texten von Helga Panten (verfasst unter dem Pseudonym „Helga Daberkow") ausgewählt, die der dpa/gms-Themendienst der Deutschen Presse-Agentur in Hamburg in den vergangenen Jahren verbreitet hat. Viele Tageszeitungen veröffentlichten die Texte, die immer reizvoll bebildert wurden mit Fotos aus der Hand von Marion Nickig. Um dem Vergnügen an Texten und Fotos Dauer zu bewahren, entstand der Wunsch der Autorin und der Redaktion, ein Buch zu veröffentlichen. Marion Nickig erklärte sich bereit, die Fotos dafür zur Verfügung zu stellen. Und der Verlag Eugen Ulmer hat die Idee mit dem jetzt vorliegenden Band Realität werden lassen.

Den Lesern dieses Buches wünsche ich viel Freude und Inspiration.

Hilke Segbers
Chefredakteurin dpa/gms-Themendienst

Inhaltsverzeichnis

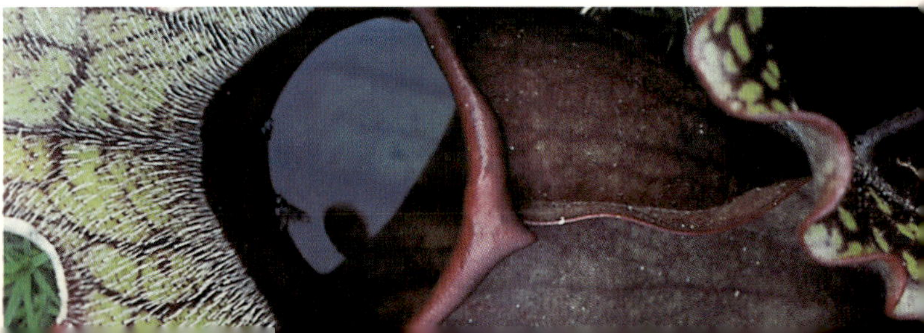

Im GARTEN
Entspannung finden

Wenn fast jeder dritte Bundesbürger im Garten Entspannung sucht und findet, wenn die Zahl der Artikel und Sendungen in den Medien, die Zahl der Gartenzeitschriften und der Gartenbücher zunimmt, so bedeutet das, dass Garten „in“ ist. Aber was ist es, das den Garten, die Beschäftigung mit Blumen und Pflanzen so beliebt macht? Welche Kräfte gehen vom Garten aus?

Vielleicht ist es der Rhythmus, in dem der Garten sich entwickelt. Während Leistungsdruck, Konkurrenzkampf und Informationsflut den Alltag immer hektischer werden lassen, vollziehen Veränderungen im Garten sich immer im gleichen Takt. Die Knospe braucht ihre Zeit, bis sie platzt, die Frucht schmeckt erst, wenn sie ausreifen durfte. Das Frühjahr lässt sich genauso wenig beschleunigen wie der Herbst hinauszögern. Ungeduld zerstört nur. Schon ein kurzer Gang durch den Garten lässt den natürlichen Rhythmus spürbar werden und hilft, Ärger und Sorgen auf ihr richtiges Maß zu reduzieren.

Völlig dem Alltag entflieht der Faulenzer in Liegestuhl oder Hängematte. Der sanfte Wind, das Rauschen der Blätter, schimpfende Spatzen im Wilden Wein, das Gebrumm der Hummeln, sie lassen Ruhe einkehren, wo vorher Stress herrschte. Auch ohne unser Zutun geht das Leben weiter. Das machen die natürlichen Geräusche um uns herum klar. Nicht alles lässt sich beeinflussen, vieles ist auch ohne unser Eingreifen gut. Das hilft loszulassen. Ein Stück Gelassenheit kehrt ein.

Jungen Menschen erschließt sich die Freude an der körperlichen Arbeit im Garten meist nicht. Umgraben, Unkraut rupfen, Rasen mähen finden sie einfach nur ätzend. Viele Erwachsene sehen das anders. Wer den ganzen Tag am Schreibtisch gesessen hat, genießt es, das Herbstlaub von den Wegen zu harken, den Kompost umzusetzen oder Zweige aufzubinden. Dabei ist die Freude über das gelungene Tun genauso wichtig wie die wohlige Müdigkeit in den Muskeln. Auch der Kopf wird frei beim gleichmäßigen Arbeiten. Gedanken, die immer um das Gleiche kreisen, verschwinden, machen Platz für Neues. Oft tauchen dann plötzliche Lösungen für Probleme auf, die gerade noch unüberwindbar schienen.

Außerdem lassen sich nirgendwo sonst die eigenen Vorstellungen so verwirklichen wie im Garten. Selbst dort, wo gemeinsame Regeln dem Tun Grenzen setzen, wie das in vielen Kleingartenanlagen der Fall ist, bleibt genügend Spielraum für das Gestalten. Kräuterspirale oder geschnittene Figuren, üppige Staudenrabatte oder Rosengarten, Alpinum, Farne, Sommerblumen, Wildstauden, Rhododendron, Koniferen – für viele Ideen ist Raum. Der persönliche Geschmack, die eigenen Vorlieben können sich im Garten Ausdruck verschaffen. Wer sonst nur mit dem Kopf arbeitet, erlebt die Geschicklichkeit der eigenen Hände. Wer nach fremder Pfeife tanzen muss, kann planen und realisieren und wenn das Ergebnis noch nicht den eigenen Erwartungen entspricht, darf man ohne Termindruck verändern, verbessern. Stolz und Befriedigung verschafft das eigene Werk, über das kein Vorgesetzter verfügen, an dem kein Kunde herumnörgeln kann. So wächst Vertrauen in die eigenen Fähigkeiten und man geht gelassener mit Anforderungen um, die der Alltag stellt.

Helga Panten

KAMELIE

Die schönblütige Verwandte des Teestrauchs

Eine herbe Enttäuschung wird es gewesen sein, als ein englischer Segler 1739 aus China kommend in London eintraf. Teepflanzen (*Camellia sinensis*) meinte man den chinesischen Händlern abgeluchst zu haben. Aber was da an Land getragen wurde, sah dem Teestrauch lediglich sehr ähnlich. Kamelien (*Camellia japonica*), in China Bergtee genannt, waren es, mit denen die fernöstlichen Händler die Versuche der Europäer unterlaufen hatten, das chinesische Teemonopol zu brechen.

Das Tauziehen um den Tee sollte noch ein knappes Jahrhundert anhalten. Aber der falsche Tee wurde bald als rare Kostbarkeit gehandelt. Der Funke der Kamelien-Begeisterung zündete, auch wenn die ersten Pflanzen noch einfache, ungefüllte Blumen besaßen. 100 Jahre später steht die Kamelienschwärmerei auf ihrem Höhepunkt. Alexandre Dumas' „Kameliendame" setzte der porzellanzarten Blume ein literarisches Denkmal und machte sie zum Ansteckschmuck par excellence. Damen von Rang hatten die Wahl zwischen über 1000 Sorten in allen Nuancen von Weiß, Rosa und Rot. Blüten in Schalenform, rosen- oder pfingstrosenartig, anemonenförmig, halbgefüllt, dachziegelartig angeordnet, glatt oder gewellt eröffneten ihren Trägerinnen immer wieder neue Möglichkeiten, auf subtile Weise ihre Stimmungen auszudrücken.

Perfekt erfüllt wurden die extravaganten Blütenwünsche der Hautevolee von der Gärtnerfamilie Seidel aus Dresden. 15000 Exemplare verkaufte sie 1835. Bis nach Moskau, Sankt Petersburg, Wien und in den Mittelmeerraum gingen die edlen Pflanzen. 1855 sind es bereits 70000. Eine Fülle eigener Sorten bereicherte das Sortiment und beeinflusst bis heute die Kamelienzüchtung weltweit. Die hundert besten Sorten aus der Seidelschen Sammlung existieren noch immer, über Weltkriege und politische Wirren hinweg bewahrt und nach der Wende buchstäblich in letzter Minute vor der Vernichtung gerettet. Das lesenswerte Buch „Der Kamelienwald“ von Mustafa Haikal beschreibt das gärtnerische Schaffen der Familie Seidel und das Schicksal der Seidel-Kamelien sehr anschaulich. Inzwischen steht die Sammlung unter Denkmalschutz; sie kann jedes Jahr im März im Schloss Zuschendorf bei Pirna in voller Blüte erlebt werden.

Gegen Ende des 19. Jahrhunderts sank der Stern der Kamelie. Die Mode entdeckte neue Objekte. Und auch die Pflanzenfreunde wandten sich von den Gewächsen ab, denn immer wieder endete die Freude an den Kamelien in herber Enttäuschung. Nur den wenigen, die über einen Wintergarten verfügten, gelang es, die Bedürfnisse der anspruchsvollen Schönen zu erfüllen. Zwar findet sie im Sommer als Kübelpflanze an schattigen Plätzen in Garten, auf Balkon oder Terrasse ideale Bedingungen. Aber im Winter brauchen sie Schutz, denn die meisten Sorten sind gar nicht oder nicht ausreichend winterhart, wie sich auch an der Geschichte der ältesten und größten Kamelie in Deutschland ablesen lässt.

Sie steht im Schlossgarten von Pillnitz bei Dresden und soll bereits 1780 nach Deutschland gekommen sein. 20 Jahre lang wuchs sie dort wie alle anderen Exemplare ihrer Art im großen Kübel, wurde im Frühjahr ins Freie gestellt und zog im Herbst ins geschützte Haus. 1801 setzte ein mutiger Gärtner sie in die Erde. Vitales Wachstum und unerhörte Blütenfülle waren die Antwort der Pflanze. Aber nun, da sie an ihren Standort gebunden war, musste der Winterschutz zu ihr kommen. Alljährlich zu Beginn der kalten Jahreszeit wurde ein mobiles Holzhaus um sie herum errichtet. So hat sie 220

Jahre in wachsender Pracht überlebt. Heute entfacht sie mit ihrer Höhe von über 10 m jedes Frühjahr eine rote Glut aus etwa 35000 Blüten. Sie steht unter Denkmalschutz und an die Stelle des Holzhauses ist eine moderne Gewächshauskonstruktion getreten, die innerhalb von 15 Minuten zur Seite gefahren werden kann, sobald die Witterung das zulässt.

Derart komfortable Lebensbedingungen wird man der Kamelie zu Hause natürlich nicht bieten können. Aber moderne Sorten wie die lebhaft rote 'Lady Campbell', die pinkfarbene 'Debbie', 'Hawaii' in zartem Rosa oder die schneeweißen Sorten 'Lovelight' oder 'Janet Waterhouse' nehmen Pflegefehler nicht mehr ganz so übel. Über ihr Gedeihen entscheidet die gleichmäßige Feuchtigkeit. Vor allem während der Knospenentwicklung mögen Kamelien Trockenheit überhaupt nicht. Sie lassen dann die Knospen einfach fallen. In der winterlichen Blütezeit lieben sie es kühl und hell, aber frostfrei und ohne pralle Sonne. Ein Platz am großen Fenster im wenig geheizten Schlafzimmer ist dann ideal. Sie sind aber auch eine Augenweide in der lichten Eingangshalle oder im Glasanbau und Wintergarten. Im Sommer fühlen sie sich an einem schattigen Platz im Garten wohl.

Neben den Anstrengungen, weniger empfindliche Kamelien entstehen zu lassen, beschäftigt viele Züchter das Ziel, die Winterhärte der immergrünen Pflanzen zu verbessern, um sie ganzjährig im Freien wachsen zu lassen. Hundertprozentig gelungen ist das noch nicht. Aber es gibt Sorten, die eine hohe Frostverträglichkeit besitzen. Die gefüllte, rot blühende 'Eximia' gehört in diese Gruppe, aber auch die purpurrote 'Guilio Nuccio' oder die pastellrosa 'Spring Festival'. Eingewachsen am richtigen Standort, überstehen sie durchaus Temperaturen von −10 °C und mehr. Ein halbschattiger Platz, so wie sie es aus den Bergwäldern in ihrer chinesischen Heimat gewohnt sind, Schutz vor Spätfrost und rauen, austrocknenden Winden sind die besten Voraussetzungen dafür, Kamelien draußen erfolgreich zu überwintern. Eine Packung Laub oder Rindenmulch schützt zusätzlich den Wurzelbereich.

Kamelien im Freiland wie im Wintergarten oder Zimmer lieben leicht sauren Boden. Müssen sie umgepflanzt werden, gibt man Torf oder Rinde mit ins Pflanzloch. Getopft wird direkt in Rhododendron- oder Azaleenerde, so wie man sie im Fachhandel bekommt. Die nötigen Nährstoffe liefern sauer reagierende Spezialdünger für Moorbeetpflanzen. So gepflegt entwickeln sich *Camellia japonica* zu immer schöneren Exemplaren.

Aus eins *mach* DREI ...

... Vier, fünf oder noch viel mehr. Klonen, bei Schaf Dolly eine Sensation, ist bei Pflanzen normal. Sie machen Ableger, Ausläufer, bilden Kindel, Brutzwiebeln, Bulbillen und schaffen so immer neue, völlig identische Exemplare von sich selbst. An feinen, dünnen Nabelschnüren schicken Erdbeeren ihre winzigen Tochterpflanzen in die Welt. Wie Kücken um die Henne scharen sich die Tochterrosetten um den Dachwurz. Wer einen Essigbaum im Garten stehen hat, kennt die Plage mit den Ausläufern. Passt man nicht auf, wird aus dem einen dekorativen Exemplar bald ein kleiner Hain. Sogar ganze Bambuswälder entstehen aus nur einer Mutterpflanze, die Ausläufer bildet, die wiederum Ausläufer bilden und so fort.

So gelingt es ihnen, Lebensraum zu erobern, den sie allein durch Vermehrung mit Samen kaum hätten besiedeln können. Ob die Pflanzen so einen Ausgleich dafür gefunden haben, dass sie fest an ihrem Standort ausharren müssen? Niemand weiß es.

Gärtner und Hobbygärtner nutzen die Fähigkeit der Pflanzen, sich selbst zu reproduzieren, in großem Umfang und haben sie immer weiter verfeinert; denn vegetative Vermehrung geht bei den meisten Arten schneller als Vermehrung durch Samen. Und man ist außerdem sicher, dass die Nachkommen die gleichen Eigenschaften wie die Mutterpflanze besitzen. Dagegen mischen sich bei geschlechtlicher Vermehrung bekanntlich die Gene von Mutter und Vater und der Nachwuchs sieht oft überraschend anders aus als erwartet.

Um das zu vermeiden, wird geteilt, werden Blatt- und Triebstecklinge geschnitten, Wurzelschnittlinge gemacht, es wird abgesenkt und abgemoost. Sogar aus einzelnen Zellen, beispielsweise den Vegetationspunkten in der Triebspitze, entstehen auf Nährböden neue Pflanzen. In-vitro-Kultur heißt das Verfahren, das mit Gentechnologie nichts zu tun hat. Mit seiner Hilfe werden heute Pflanzen wie Pelargonien, Erdbeeren, *Impatiens*, *Gerbera* in großem Umfang vermehrt.

Für den Gartenfreund ist das natürlich nichts. Er hält sich besser an bewährte Verfahren, um aus eins drei und mehr zu machen, zum

Beispiel an das Teilen, die wohl einfachste Form vegetativer Vermehrung. Im Garten dient die Teilung vor allem dazu, überalterte Pflanzen zu verjüngen. Wenn die Iris in der Mitte verkahlt, die Astern oder Staudensonnenblumen nicht mehr richtig blühen, dann nimmt man sie auf, teilt und pflanzt gut mit Wurzeln und Trieben besetzte Teilstücke neu. Hat man den Boden richtig aufbereitet, blühen und wachsen sie wieder mit voller Vitalität.

Wer Giersch, Quecken und Löwenzahn im Garten hat, kennt sich unfreiwillig mit einer anderen Form vegetativer Vermehrung aus, mit den Wurzelschnittlingen. Jedes Wurzelstück wächst wieder zu einer neuen Pflanze heran und das Unkrautjäten wird zur Sisyphus-Arbeit.

Ein bisschen mehr Sorgfalt brauchen der prächtige Staudenmohn (*Papaver orientale*) und die Herbst-Anemonen (*Anemone hupehensis* var. *japonica* und var. *hupehensis*), um sich aus einem Wurzelstück zu regenerieren. Wer es versuchen will, schneidet mit einem scharfen Messer Wurzeln in kräftige Stücke und steckt sie in gute Aussaaterde. Aber Vorsicht, der obere Teil der Wurzel muss immer aufwärts gerichtet sein, sonst steht das Stück Kopf und wächst nicht.

Liebhaber von Usambaraveilchen kennen die Vermehrung durch einzelne Blätter. Bei Blattbegonien reicht sogar ein großes Blatt, um mehrere neue Pflanzen entstehen zu lassen. An die Zubereitung von Salat erinnert das Zerschneiden der Blätter, die stückweise flach in den Boden gesteckt werden. Dort wo die kräftigen Blattadern mit der Erde Berührung haben, wächst der Nachwuchs heran.

Bei vielen Pflanzen hat Stecklingsvermehrung Tradition. Fuchsie und Strauchmargerite gehören dazu, aber auch Chrysanthemen und Nelken. Geeignet ist jeder noch grüne, aber nicht zu weiche Trieb, dessen Spitze als künftiger Steckling einfach abgeschnitten wird. Etwa fünf Blätter bzw. drei Blattpaare sollte er besitzen. Wichtig ist der unterste Stängelknoten des Stecklings, denn an ihm werden sich die neuen Wurzeln bilden. Er darf nicht verletzt werden, wenn jetzt das Stängelende bis auf 2 mm unter dem Knoten mit einem scharfen Messer abgetrennt wird. Auch das Blatt oder Blattpaar, das aus dem Knoten entspringt, wird sauber abgetrennt. Sie wären nur eine Fäulnisquelle, würden sie mit dem Stängel in die Erde gesteckt.

Feine Aussaaterde, gegen Fäulnis dünn mit Sand abgedeckt, bietet die besten Startchancen für den Steckling. Mit einem Hölzchen sticht man eine Vertiefung in die angefeuchtete Erde, schiebt ihn so weit hinein, dass der unterste Stängelknoten gut überdeckt ist und drückt vorsichtig an. Eine durchsichtige Kunststofffolie oder ein Marmeladenglas darüber gestülpt, sorgt für gespannte Atmosphäre; so bleibt die Luft über der Erde feucht und der Steckling trocknet nicht aus. Am besten stellt man ihn an einen hellen, vor Sonne geschützten Platz. Bleiben die Blätter straff, verkraftet er die radikale Trennung von der Mutterpflanze und schickt sich an, zu einem selbstständigen Pflänzchen heran zu wachsen.

KORNELKIRSCHE
und Blumenhartriegel

Unübersehbar strahlen die Blüten der Kornelkirschen (*Cornus mas*) durch die Vorfrühlingswochen. Das erste Gelb bringen sie zwar nicht mehr in Gärten, Parks und an Waldränder. Die amerikanische Zaubernuss hat sie von diesem Platz verdrängt. Die wichtigsten Gelbträgerinnen in sonst noch völlig kahler Umgebung sind sie aber nach wie vor. Dabei sind die Einzelblüten winzig, aber die Fülle macht 's. Das vorjährige Holz sitzt über und über voll mit den kleinen Blütendolden, deren Leuchtkraft durch gelbe Knospenschuppen verstärkt wird. Überwinterten Insekten signalisiert das Kraftnahrung. Auf einer Scheibe rund um den Fruchtknoten wird der Nektar serviert. So überstehen Käfer, Solitärbienen und Hummelköniginnen die noch kalten Wochen.

Ergebnis der Schlemmerei sind lebhaft rote, kirschenartige Früchte, die ab dem Hochsommer zu reifen beginnen. Ihr großer Säuregehalt – sie schmecken mindestens so sauer wie Sauerkirschen – schreckt bei uns die meisten Koster ab.

Dagegen weiß man in Österreich, Tschechien, Rumänien und Bulgarien Marmeladen, Gelees, Chutneys und Likör aus den Früchten der Kornelkirschen zu schätzen. Dort hat man die Frage ob Wild- oder Kulturpflanze inzwischen eindeutig entschieden. Zum Obst gehören sie und unter den Namen 'Jolico', 'Titus' und 'Devin' werden sogar großfrüchtige Kultursorten angeboten. Den ersten Frost sollen sie gehabt haben, damit die Säure sich in sanftere Aromen wandelt.

Bei uns überlässt man den Fruchtreichtum meist Vögeln, Siebenschläfern und Haselmäusen und freut sich an der frühen Blüte, der locker-runden Gestalt, der vielseitigen Verwendbarkeit sowie an der Unempfindlichkeit des Gehölzes. Die Kornelkirsche bevorzugt zwar warme, sonnige Plätze, wächst aber auch auf frischen und halbschattigen Standorten. Am schönsten wirkt der Großstrauch als Solitär, wenn er ungeschnitten 5 bis 7 m Höhe erreichen darf. Dann zeichnen die fein gegliederten Zweige im Frühjahr ihr Muster in die Blütenwolke und verfärben sich im Herbst zu einer gelben Kugel. Meist wird

die Kornelkirsche aber als Hecke verwendet, streng geschnitten oder frei wachsend zusammen mit anderen Heckengehölzen. Rückschnitt macht ihr nichts aus, sie wächst willig in die Form, die man ihr vorgibt. Sogar zu grünen Lauben und Wandelgängen lässt sie sich ziehen, ohne ihren lockeren, etwas sparrigen Wuchs zu leugnen.

Wer beim Rückschnitt tiefer schneiden muss, macht mit der Härte des Holzes Bekanntschaft. Hartriegel wird die Kornelkirsche und ihre vielfältige Verwandtschaft daher auch genannt. Der botanische Name *Cornus*, lateinisch für Horn, spielt ebenfalls auf diese Eigenschaft an. Widerstandsfähige Riegel, Radnaben, haltbaren Zahnersatz, Rosenkranzperlen, aber auch Knebel zum Verschließen von Würsten schnitzte man früher aus Zweigen und Stämmen. Sogar die Speere von Odysseus und Romgründer Romulus sollen aus Hartriegelholz bestanden haben. Ovid berichtet, die Waffe des Romulus habe frisch ausgeschlagen, nachdem sie – mit aller Kraft geschleudert – im Boden stecken geblieben sei. Uneingeschränkte Bewunderung für die Lebenskraft des Strauches schwingt in dieser Erzählung mit.

Noch größer wäre die Bewunderung vermutlich gewesen, hätte Ovid die amerikanischen und asiatischen Blumen-Hartriegel (*Cornus florida*, *C. nuttallii* und *C. kousa*) bereits gekannt. Voll erblüht sind sie von atemberaubender Schönheit. Sie öffnen sich im Mai/Juni, wenn in ihrer Heimat die Konkurrenz anderer Blütensträucher groß ist.

Winzige Blüten wie bei *Cornus mas* reichen jetzt nicht, um die fliegenden Heerscharen zu beeindrucken. Daher besitzen sie prächtige Hochblätter. Wie weiße oder cremeweiße Schalen, bei Sorten wie *Cornus florida* 'Rubra' und *Cornus kousa* 'Satomi' auch rosa und rot getönt, sitzen sie auf den Zweigen. Auch mit der Größe von 4 bis 7 m Höhe sind die Blumen-Hartriegel ideale Gartengehölze. Allerdings wachsen und blühen sie – im Gegensatz zur robusten Kornelkirsche – nur auf kalkfreien Böden zufriedenstellend und kommen darin den Rhododendren gleich.

Den gleichen Schmuck der Hochblätter legt auch der niedrigste Vertreter der Hartriegel-Arten an. *Cornus canadensis*, der Teppich-Hartriegel, wird nur 8 bis 15 cm hoch und steckt ab Juni die weißen Hochblätter auf. Auf sauren und ausreichend feuchten Böden breitet er sich mit Ausläufern teppichartig aus. Für *Rhododendron*-Gärten ist er ein zauberhafter Bodendecker.

Neben diesen Schönheiten gibt es die „Arbeiter-Hartriegel", wie Baumschuler sie nennen. Der robuste Tatarische und der Rote Hartriegel (*Cornus alba* und *Cornus sanguinea*) gehören dazu. Sie sind als anspruchslose Sträucher für Abpflanzungen, Böschungen, Straßenbegleitgrün fast allgegenwärtig und fallen den Menschen meist nur im Winter durch rote, gelbe oder glänzend schwarze Rinden auf. Vögel und Insekten wissen sie umso mehr zu schätzen. Mit ihrem Nektarreichtum und den ölhaltigen Beeren spielen sie eine wichtige Rolle im ökologischen Gefüge.

JASMIN

Weiße Blütensterne voll betörender Süße

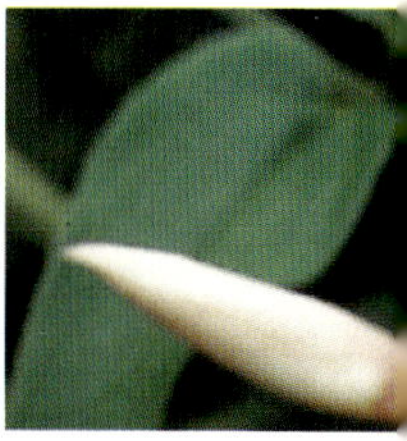

„Die edelsten aller Blüten ließen sich ihre Seele nicht einfach entreißen, man musste sie ihnen abschmeicheln", schreibt Patrick Süskind über die Gewinnung von Jasminöl im 18. Jahrhundert in seinem Roman „Das Parfum". Auf kühlen Wachsplatten ruhten die Stern-Blüten des Jasmins, bis sie ihre Aromen dem feinen Fett mitgeteilt hatten. Der „süß-haftende, erotische Duft" gehörte und gehört noch heute zu den begehrtesten Rohstoffen für die Herstellung von Duftwässern. Aus 94 Komponenten setzt Jasminöl sich zusammen; die Nachahmung von Menschenhand erscheint schier unmöglich.

Das beste und teuerste Jasminöl kommt aus Grasse, der Hauptstadt der Düfte und des Parfums. Aber auch im eigenen Garten lässt sich in betörenden Düften schwelgen, denn Jasmin gehört zu den verhältnismäßig einfach zu kultivierenden Kübelpflanzen. Sogar der Echte Jasmin (*Jasminum officinale*), der wichtigste Lieferant des Duftstoffes, öffnet an warmen, sonnigen Plätzen seine Blüten. Juni bis September ist seine Zeit, dann wehen Schwaden seines Aromas durch den Garten. Allerdings wird er recht mächtig. Lässt man ihn gewähren, winden seine Triebe 10 m hoch. Gartenbücher aus dem Andalusien des 12. Jahrhunderts empfehlen daher Spaliere und Pergolen mit Echtem Jasmin zu beranken, um so Schatten und süßen Duft gleichzeitig genießen zu können. Im heimischen Garten wird man dieses Rezept kaum umsetzen können, denn Frost übersteht *Jasminum officinale* leider nicht. Der Kübel muss beweglich bleiben, damit man ihn rechtzeitig vor dem ersten Frost ins Haus holen kann.

Für den Vielblütigen Jasmin (*Jasminum polyanthum*) gilt das genauso. Er wächst zierlicher als der Echte Jasmin und fällt durch rosa Knospen auf, die sich zu weißen Rispen mit einem feinen Rosaschimmer öffnen. In jüngster Zeit wird *Jasminum polyanthum* vermehrt als Zimmerpflanze angeboten. Aber in geschlossenen Räumen kann der süße Duft schon mal zu viel werden. Empfindliche Men-

schen stellen ihn daher am besten im Wintergarten oder am gekippten Fenster auf. Dann verdünnt frische Luft die Schwaden zu einem Hauch von Jasmin und die Kühle lässt die Blütezeit besonders lange andauern.

Neben normal großen Pflanzen kommt *Jasminum polyanthum* auch als Minipflänzchen auf den Markt. Man sollte sich aber nicht täuschen lassen. Auch in den winzigen Töpfchen steckt eine vitale Kletterpflanze, die schon bald meterlange Jahrestriebe entwickelt. Damit sie Halt finden, ist ein Klettergerüst erforderlich. Das kann ein Bogen sein, um den sich die Triebe schlingen. Man kann aber auch drei Stäbe in gleichmäßigem Abstand in den Topf stecken, zur Zeltform zusammenbinden und die Jasminranken spiralförmig herumlegen.

Den Arabischen Jasmin kennen Teetrinker vom Jasmintee. Unter die Teeblätter gemischt sorgen die getrockneten Blüten von *Jasminum sambac* für das besondere Aroma. In Duft-Potpourris mischt sich die Jasmin-Note und im fernen Osten windet man duftende Kränze aus den Blüten, die frisch ein schneeiges Weiß zeigen, getrocknet aber ins Rosa-Gelbliche wechseln. In den Gärtnereien und Blumengeschäften wird *Jasminum sambac* nicht ganz so häufig angeboten wie die anderen Arten, obwohl es von ihm sogar Sorten mit gefüllten Blüten gibt.

Der Arabische Jasmin ist etwas anspruchsvoller als die anderen. Er braucht das ganze Jahr hindurch viel Wärme und will auch im Winter bei mindestens 15 °C stehen, während die anderen mit 5 °C vorlieb nehmen. Dafür belohnt er sogar mit Blütenflor in der dunklen Jahreszeit, sofern der Platz im warmen Wintergarten oder im Zimmer genügend hell und sonnig ist. Wissen sollte man, dass er in seinem Wuchsverhalten dem frostharten Winter-Jasmin (*Jasminum nudiflorum*) ähnelt, der in den Wintermonaten durch gelbe, aber leider nicht duftende Blüten auffällt. Wie der Winter-Jasmin schlingt Sambac, wie er auch kurz genannt wird, nicht, sondern schiebt seine Triebe als Spreizklimmer nach oben. Ein Spalier, zwischen dessen Sprossen seine Zweige Halt finden, sagt ihm am besten zu. Will man ihn bogenförmig ziehen, muss man ihn aufbinden.

Mit dem Gartenjasmin hat man solche Mühe nicht. Er wächst als anspruchsloser, winterharter Strauch. Nur dem deutschen Namen nach zählt er zum Jasmin. Die Gärtner ordnen ihn der Gattung *Philadelphus* zu. Die weißen Blüten und der süße Duft haben zweifellos zu der deutschen Bezeichnung geführt, auch wenn die Duftnote des *Philadelphus* von der Raffiniertheit des Echten Jasmins weit entfernt ist. Dennoch lohnt es sich, auch den Gartenjasmin in den Garten zu holen, denn der Kontrast zwischen der schweren Jasminsüße einerseits und dem frischen Duft des robusten Bauernjasmins (*Philadelphus coronarius*) ist ausgesprochen reizvoll. Stark duften manche der Hybridformen (*Philadelphus* × *lemoinei*) wie die rosaweiße 'Belle Etoile' oder die schneeige 'Dame Blanche'.

KAISERKRONE
und Schachbrettblume

„Sie blühet im April oder May und ist alsdann der Lustgärten prächtigste Zier", heißt es 1684 über die Kaiserkrone im Buch „Vom Gartenbaw" des Johann Sigismund Elßholtz. Worin ihre Schönheit liegt, erläutert der Hofgärtner des Brandenburgischen Markgrafen Friedrich Wilhelm nicht, denn „sie ist so bekannt, dass es keiner Beschreibung ihrer äußerlichen Gestalt bedarf". In der Tat bleibt das Bild der Kaiserkrone, botanisch *Fritillaria imperialis*, im Kopf, wenn man es einmal gesehen hat. Rund 1 m hoch ragt der stattliche Schaft, der eine Krone aus sechs, acht und mehr Blütenglocken trägt. Als weithin leuchtender Kranz sitzen sie unter dem Blattschopf an der Spitze der Blütenstände. Am häufigsten findet man das strahlende Rot zum Beispiel der Sorte 'Rubra Maxima' oder die mehr orangeroten 'Aurora' und 'Orange Brillant'. Schön ist aber auch das intensive Gelb von 'Lutea' oder 'Maxima lutea'.

Zuerst wird der Glockenkranz hängend getragen. So sind die empfindliche Narbe und die Staubgefäße vor Nässe und Kälte geschützt. Später richten sie sich fast waagerecht und man blickt direkt hinein in die rote, orange oder gelbe Glut. Spätestens jetzt fällt das glitzernde Nektartröpfchen auf, das als Lohn für die Blütenbesucher am Grunde jedes Blumenblattes sitzt. Aufgrund dieses Tropfens nennt man die Kaiserkrone in Persien, einem ihrer Heimatländer, „Tränen der Maria".

Hantiert man mit der Pflanze, macht sich ein ganz anderes Charakteristikum nachdrücklich bemerkbar: Die kaiserliche Blume stinkt. Unverkennbar umgibt sie sich mit durchdringendem Raubtieraroma. Hungrige Fresser hält sie so mit Erfolg von sich fern. Auch unter der Erde wirkt diese Strategie. Daher sollte, wer der gefürchteten Wühlmäuse nicht Herr wird, sein Grundstück mit den schönen Zwiebelblumen umpflanzen. Gegen den Appetit der Nomaden in Mittelasien scheint der Geruch allerdings nicht zu helfen. Sie sammeln und essen die etwa faustgroßen, festen Zwiebeln. Für den Rückgang der Wildbestände sind aber vor allem professionelle

Sammler verantwortlich. Daher sollte, wer Fritillarien kauft, immer auf Exemplare aus gärtnerischer Kultur achten. Nur bei Sorten ist das nicht nötig, sie sind das Ergebnis von gärtnerischer Züchtung.

Anders als unsere Küchenzwiebeln besitzen Kaiserkronen keine feste Schale. Sie schrumpfen daher leicht, lässt man sie zu lange offen liegen. Am besten pflanzt man sie umgehend in nährstoffreiche, tiefgründige und frische Böden. Ein leicht besonnter bis halbschattiger Standort ist ihnen recht. Außerdem wollen sie früher gepflanzt werden als die übrigen Zwiebeln. Daher durchzieht ihr unverkennbarer Geruch schon Ende August Gärtnereien und Gartencenter.

Zu diesem Zeitpunkt findet man dort auch andere Schätze der Fritillarien-Gattung. Eine reizende Kostbarkeit ist beispielsweise die heimische Schachbrettblume (*Fritillaria meleagris*), die man im April/Mai – sehr selten – wild auf feuchten Wiesen finden kann. Sie trägt ihre Blüten einzeln auf feinem Stängel und wirkt so, als habe man die Blütenblätter mit einem winzigen purpur-weißen Schachbrettmuster bemalt. Norddeutsche fühlen sich an gesprenkelte Kiebitzeier erinnert und bezeichnen die Blumen genauso. Der auffälligen Musterung trägt auch der botanische Name *Fritillaria* Rechnung, er leitet sich vom lateinischen *fritillus* für Würfelbecher ab und gilt heute für die gesamte Gattung.

Verglichen mit der Wucht der Kaiserkronen wirkt die Schachbrettblume zart. In nur 20 bis 30 cm Höhe werden die Blüten getragen. Aber sie sind – ausreichend feuchter Boden vorausgesetzt – vitaler, als man vermutet. Lässt man sie gewähren, säen sie sich aus und bald gibt es kleine Kolonien, in denen neben dunklen Kiebitzeiern auch rosa oder gänzlich weiße Nachkommen auftreten.

Etwas für Kenner sind die anderen Fritillarien, deren Zwiebeln hin und wieder angeboten werden. *Fritillaria aurea* zum Beispiel entwickelt Blütenglöckchen, die Gelb mit einem braunroten Schachbrettmuster kombinieren. Im Steingarten kommt ihre Schönheit am besten zur Geltung. Dort will sie warm und verhältnismäßig trocken, aber nicht in der prallen Sonne stehen. Aufgereiht wie beim heimischen Salomonssiegel und bis zu 40 cm hoch über dem Boden trägt die Blassgelbe Schachbrettblume (*Fritillaria pallidiflora*) ihre Blüten. Auch sie passt in den Steingarten, liebt es aber sonnig und verträgt sich gut mit anderen Kleinstauden. Sonne mag auch die Persische Fritillarie (*Fritillaria persica*), in den Steingarten passt sie aber nicht. Sie kommt in ihrer Wirkung der hohen Kaiserkrone nahe. 90 bis 120 cm Höhe erreicht der Blütenstand, der wie ein Schellenbaum mit Blüten besetzt ist. Das ungewöhnliche Violett, das auch ins Bräunliche oder Schwärzliche spielt, macht sie besonders auffällig.

AKELEI

Liebesblume und Elfenhandschuh

Elfenhandschuh wird die Akelei in manchen Regionen genannt. Wer sich in die Zeit der Kindermärchen zurückdenkt, sieht mühelos die fünf Blütenblätter über die feinen Finger eine Elfe gestülpt. Zierlich und ein wenig unstet wie Elfen sind Akeleien tatsächlich. Denn lange hält es sie nicht an einem Platz. Nur zwei bis drei Jahre währt die Lebensdauer der Akelei. Dafür sät sie sich umso reicher aus an immer wieder anderen Plätzen, mit Blüten auf dünnem Stiel schwebend und die Farbtöne Weiß, Rosa, Blau und Violett in allen Nuancen durchspielend. Lästig fallen die zarten Akeleien nie. Und sollten sie doch einmal am falschen Platz auftauchen, lassen sie sich leicht auszupfen oder an geeignete Stellen umpflanzen.

Akeleien begleiten die Menschen in unserem Kulturraum schon seit Jahrhunderten. Zu den frühen Burg- und Klostergärten gehören sie genauso wie später in die Bauerngärten. Dabei ist ihre Wertschätzung durchaus unterschiedlich. Jeder scheint sie für sich zu vereinnahmen. Als Liebesblume gehört sie der Venus und der germanischen Fruchtbarkeitsgöttin Freya. Mit demütig gesenkter Blüte begleitet sie die Jungfrau Maria. Ihre dreigeteilten Blätter stehen für den heiligen Geist und die Dreieinigkeit. Entsprechend züchtig blüht sie auf Altar- und Marienbildern, wie etwa am Altar von Portinari aus der Hand von Hugo van der Goes. Aber sie reckt sich auch keck in die Abbildungen mittelalterlicher Liebes- und Lustgärten, wie in den Illustrationen zu Boccacios Decamerone. Erst Albrecht Dürer malt sie jenseits aller Symbolsprache in neu entdecktem Realismus, umgeben von Gräsern und Hahnenfußblättern.

Elfenhafte Vieldeutigkeit lässt sich auch beim Nachdenken über den Namen entdecken. Akelei, das klingt so herrlich altmodisch, vertraut und doch rätselhaft. Woher kommt der Name? Von *Aquilegia*, dem botanischen Namen für die Pflanze, so die rasche Interpretation. Aber steckt nun in *Aquilegia* der Begriff Adler (*aquila*), weil die gekrümmten Blütensporne der Akelei an einen Adlerschnabel erinnern? Oder leitet er sich von *aquilegus* („Wasser sammelnd“) ab? Auf die Nektartröpfchen in den Blütenspornen könnte sich das beziehen. Oder stand Aglaia, die griechische Göttin der Anmut, für den Namen Pate? Der mittelhochdeutsche Begriff *agaleia* legt das nahe.

„Fünf Vögerl z'samm“ sagt man in Bayern, Columbine (Taube) im Englischen und das wiederum ist eindeutig. Denn wie fünf Vögel mit hochgerecktem Hals, dem Sporn, hocken die Blütenblätter zusammen. Die Kelchblätter sitzen als abgespreizte Flügel dazwischen. Natürlich ist die Blütenform kein Zufall. Der lange Sporn, gefüllt mit Nektar, zwingt die Insekten, sich tief in die Blüte zu schieben. Reich mit Blütenstaub bepudert, erscheinen sie wieder am Tageslicht und tragen ihn weiter zur nächsten Blüte. Die schwerfälligen, kurzrüsseligen Hummeln entdecken meist einen einfacheren Weg. Sie beißen ein kleines Loch in den Sporn und schlürfen direkt an der Quelle. Dem Vermehrungserfolg tut das aber keinen Abbruch, wie die später freigiebig streuenden Samenstände der Akelei deutlich machen.

Akelei ist nicht gleich Akelei. Rund 200 Arten soll es geben, die in der nördlichen gemäßigten Zone einmal rund um den Erdball vorkommen. Bei uns heimisch ist die Gewöhnliche Akelei (*Aquilegia vulgaris*), die meist mit Blüten in Blauviolett bezaubert. Ihre Färbung kann aber auch in Richtung Violett, Rosa oder Weiß spielen. Sogar am Naturstandort soll sie das tun. Erleben lässt sich das kaum noch, denn wilde Akeleien sind rar geworden. Kalkböden brauchen sie und artenreiche, kühlfeuchte Wiesen, die es immer seltener gibt. Dort wo die Akelei noch wächst, am lichten Waldrand, wird ihr ihre Schönheit oft zum Verhängnis, wenn Spaziergänger nicht widerstehen können und sie pflücken, bevor sie sich aussäen konnte. Bereits 1985 machte die Stiftung zum Schutze gefährdeter Pflanzen auf ihre Bedrohtheit aufmerksam.

Neben der Gewöhnlichen Akelei findet man mit etwas Glück in den Bergen *Aquilegia alpina*, die Alpen-Akelei. Ihr prächtiges Königsblau bieten Staudengärtnereien meist in der besonders großblumigen Sorte 'Superba' an. Ein eigentümliches tiefdunkles Violett zeigt die Schwarze Akelei (*Aquilegia atrata*), ebenfalls in den Alpen zu Hause. Ihre Farbe ist von wesentlich geringerer Fernwirkung und so wird sie – zu ihrem Glück – oft übersehen.

In den Gärten ist dagegen eine Amerikanerin heimisch geworden. *Aquilegia caerulea* kommt dort am häufigsten vor. Eigentlich bedeutet *caerulea* blau. Aber schon die Art ist zweifarbig und verbindet Blau mit Weiß. Ihre Nachkommen tun das in noch bunterer Mischung: Rot mit Gelb, Rosa mit Weiß, Violett mit Weiß. Pflanzt man sie in den Garten, entsteht ein buntes Farbenspiel, das sich immer wieder neu kombiniert. Sogar gefüllte Varianten findet man manchmal. Aber es gibt auch Farbsorten wie die einfarbige 'Dunkel-

blaue Riesen', die reinweiße 'Kristall' oder die rot-weiße 'Crimson Star'. Neuzüchtungen wie 'Sweet Lemon Drops' oder 'Perfumed Garden' fügen zur Elfenblüte auch noch intensiven Duft.

Wie das winzige Pendant der 50 bis 70 cm hoch werdenden Sorten der *Aquilegia caerulea* wirkt die Zwerg-Akelei (*Aquilegia flabellata* var. *pumila*). Sie stammt aus Japan, wächst von Natur aus nur 15 bis 20 cm hoch und ist trotz ihrer Winzigkeit genauso robust wie ihre großen Verwandten. In Schalen und Töpfen macht sie sich einfach bezaubernd. Aber auch in kühlfeuchten Steingartenpartien ist sie in ihrem Element. Besonders gleichmäßig und reich blühen die Sorten der Cameo-Serie. Die 3 cm großen Blüten zeigen schöne Farbkontraste wie warmes Rot mit Weiß, kräftiges Blau mit Weiß, Violett mit Weiß. Wer es noch winziger möchte, wird sich am niedrigen Wuchs und den Miniaturblüten der blauweißen 'Ministar' erfreuen oder an der überaus zierlichen rot-weißen *Aquilegia canadensis* 'Little Lantern'.

Bei allem Vergnügen an den aparten Blüten sollte man die Zugehörigkeit der Akelei zu den Hahnenfußgewächsen im Auge behalten. Sie haben es bekanntlich in sich und so enthält auch die Akelei Blausäure-Verbindungen. Berichte über Akeleivergiftungen gibt es allerdings nicht. Sie gilt lediglich als giftverdächtig. So wagemutig wie früher, als man Akelei gegen Leber- und Gallenleiden, Hautausschläge und Mundgeschwüre verwendete, sollte man heute dennoch nicht mehr sein. Nur in der Homöopathie hilft sie noch bei Hauterkrankungen und Menstruationsstörungen.

GÄRTEN
Paradiese für Kinder

Mit hörbarem Knack zerplatzen die reifen Früchte des Schneebeerenstrauches unter dem Fuß. Je lauter der Ton desto schöner, und im Handumdrehen wird ein richtiger Wettstreit daraus. Der Lieferant dieses Spielzeugs ist ein Allerweltsstrauch, der in vielen Abpflanzungen seinen Platz hat. So wie er zählt das meiste, was Kinder im Garten fasziniert, zu den alltäglichen Dingen. Ist der Garten vielfältig genug, entdecken sie immer wieder neue Elemente zum Spielen, Toben, Beobachten und Erforschen.

Blüten, Düfte, Früchte, Blätter mit verschiedener Struktur sind wichtig, Gebüsch, hinter dem man sich verbergen kann. Ideal sind Gärten, die sich nicht gleich auf den ersten Blick erschließen. Mit Sträuchern, Spalier oder Pergola als leichtem Schleier lassen sich selbst in kleinen Gärten unterschiedliche Räume schaffen. Sie machen eine Gliederung in ruhigere und robuste Gartenbereiche möglich, damit Kinder und Erwachsene sich im Garten wohl fühlen.

Rasen ist begehrt, auf dem es sich toben, Ball spielen oder einfach nur in der Sonne liegen lässt. Er lädt zum Picknick ein und bietet Weidefläche für Meerschweinchen und Co. Ein robuster Gebrauchsrasen nimmt derart raue Benutzung nicht übel. Dürfen nicht nur Gräser in ihm wachsen, liefert er Gänseblümchen, Klee-, Braunellen- oder Löwenzahnblüten zum unbekümmerten Blumenpflücken, ohne dass rare Gartenschätze in Gefahr geraten. Für Kinderaugen – und nicht nur für sie – bietet der Strauß aus Gänseblümchensternen und Löwenzahngold vollendete Schönheit. Ein Kränzchen aus den Rasenblüten wird zum Gipfel des Vergnügens. Wer es aus seinen Kindertagen nicht mehr in Erinnerung hat: Blütenstängel vorsichtig längs aufschlitzen, einen zweiten Stängel hindurch schieben, diesen wiederum schlitzen, den dritten durchschieben, schlitzen und so fort, bis die nötige Länge erreicht ist. Ein Grashalm oder ein Faden verbindet Anfang und Ende des Kranzes.

Im eigenen kleinen Gartenreich ist für die ganz Kleinen Matschen angesagt, Schaufeln, Bauen, Pflanzen, Umpflanzen, Blättersuppe

„kochen“. Sand, Erde, Wasser, ein paar Steine sind wichtige Elemente. Pflanzen halten dem Taten- und Veränderungsdrang der Jüngsten meist nicht lange stand. Daher belebt am besten Überzähliges aus den anderen Gartenbereichen den Spielgarten.

Erst ein wenig später entsteht die Geduld, wachsen zu lassen, zu beobachten. Spielerisch lernt das Kind dann, dass die lebendige Umwelt sich zwar beeinflussen lässt, aber auch ihren eigenen Gesetzen folgt. Ein Brettspiel sieht heute genauso aus wie morgen. Der Garten verändert sich unaufhaltsam. Robuste, sich rasch entwickelnde Arten sind nun gefragt, die schnelle Veränderung zeigen und Mühe belohnen. Weiden sind ideal. Eine Laube oder ein Zelt aus Zweigen im Frühjahr gepflanzt, verbergen Spielende schon im Sommer hinter grünem Schleier. Spielmaterial liefern sie gleich mit, denn an ihnen darf, ja muss geschnitten werden, damit die Weiden in Form bleiben. Die abgeschnittenen weichen Ruten eignen sich zum Binden, Flechten, Schnitzen. Sogar mehr oder weniger melodiöse Pfeifen lassen sich aus ihnen basteln.

Noch schöner ist natürlich eine Plattform oder gar ein richtiges Baumhaus in der Krone eines großen Baumes. Wer hätte als Kind nicht selbst davon geträumt, „unsichtbar“ hoch im Grünen zu sitzen und die Welt von oben zu betrachten. Gibt es keinen tragfähigen Baum im Garten, lässt sich der Schlupfwinkel auch mit kräftigen Pfosten aufständern und hinter einem Schleier von robusten Heckengehölzen verbergen. Droben in der Höhe darf es ruhig eng zugehen und perfekt muss es auch nicht sein. Ein unregelmäßiger Boden, grob gezimmerte Wände und ein schiefes Dach erhöhen nur den Reiz des Fluchtpunkts aus der geregelten Welt der Erwachsenen.

Die kleinen Abenteuer in der eigenen Gartenecke geraten darüber nicht in Vergessenheit. Dort erweisen sich Sonnenblumen als Weltmeister im Wachstum. Ungläubiges Staunen erregt, welch Riese sich aus dem kleinen Sonnenblumenkern entwickelt. Für Kinder dürfen es ruhig die unverzweigt wachsenden Sorten sein wie ‘Italo’ oder ‘Schnittgold’, die rasch Höhe gewinnen. Kapuzinerkresse öffnet in rascher Folge Blüten in knalligen Farben, liefert runde, grüne Tellerblätter für Puppenspeisen und lässt sich sogar essen. Vor allem die zarten Knospen schmecken Kinderzungen. Ein paar ausdauernd tragende Erdbeeren steigern das Vergnügen am eigenen Gärtchen genauso wie rasch wachsende Radieschen oder Cocktailtomaten. Letztere eignet sich nicht nur aufgrund der kleinen, süß schmeckenden Tomaten für die Kinderecke. Sie sind auch deutlich robuster und ertragssicherer für die kleinen Gärtner als die großfrüchtigen Sorten.

Damit es richtig blumig wird im Kindergärtchen, bieten sich Löwenmäulchen an. Wer hätte früher nicht mit den sich auf Fingerdruck aufsperrenden Rachen gespielt. Studentenblumen, Fleißige Lieschen, Ringelblumen sind unkompliziert und sorgen für Farben-

pracht. Mit ihren eigentümlich aufgeblasenen Fruchtständen überrascht die Jungfer im Grünen (*Nigella damascena*) nach der Blüte. Mit ihr lässt sich genauso schön klappern wie mit den Fruchtständen von Mohn oder Akelei.

Das Schwarze Schmuckkörbchen (*Cosmos atrosanguineus*), auch Schokoladenblume genannt, versetzt Kinder in Spannung. Wann endlich öffnen sich die Blüten, die nach Schokolade duften? Mindestens ebenso schön ist das Schnuppern an den offenen Blütenschalen der robusten Kartoffel-Rose, die später so prächtige, dicke Hagebutten bekommt. Natürlich lassen sich Kindernasen auch von Lavendel, Duftsteinrich oder Duftgeranien verführen. Das Echte Seifenkraut (*Saponaria officinalis*) duftet zwar auch, noch eigentümlicher aber wird es, wenn man die Blätter in Wasser zerreibt und aufschäumen lässt als natürliche Seife. Mit essbarer Süßdolde, Nasenklemmern vom Ahorn, Färbepflanzen wie Färberkamille (*Anthemis tinctoria*) oder Krapp (*Rubia tinctorum*) lässt sich noch vieles mehr entdecken, das die Faszination des Gartens für den Nachwuchs erhöht.

Nur auf Tümpel und Teiche, so sehr sie gerade Kinder begeistern, sollte man verzichten, solange der Nachwuchs noch klein ist. Wasserhahn, Gartendusche, Matschecke und Kinderplanschbecken bieten sich als unproblematischere Spielplätze an. Aber einplanen sollte man den späteren Tümpel oder Teich durchaus schon. Bis es so weit ist, kann beispielsweise die Sandkiste den Platz einnehmen, denn der gut besonnte Standort ist für beide, Teich wie Sandkiste, gleichermaßen ideal. Handwerklich geschickte Menschen legen die Rahmenkonstruktion gleich so an, dass sie für beide Zwecke nutzbar ist. Natürlich kommen auch Pflanzen mit giftigen Inhaltsstoffen wie Maiglöckchen, Fingerhut oder Engelstrompete erst in den Garten, wenn Kinder sicher unterscheiden können und wissen, dass sie nicht alles in den Mund stecken dürfen.

VEILCHEN
auf der Wiese stand ...

... *e*s war ein herzig's Veilchen, so schwärmte Johann Wolfgang von Goethe über das Veilchen. Albrecht Dürer hielt es in seinem Wiesenbild meisterhaft fest. Auch Homer, Plato und Napoleon ließen sich vom Charme des kleinen Frühlingsblühers begeistern und erklärten es zu ihrer Lieblingsblume. Was ist es, das die Menschen schon seit alters für das Veilchen schwärmen lässt? Die zarte Blüte, der betörende Duft, die frühe Blütezeit? Wenn die Frühlingssonne ins Freie lockt, dann sind sie da, die samtig violetten Blümchen, die sich so keck zwischen Gräsern und Kräutern behaupten.

Für Kaiser Wilhelm I. war das nicht früh genug. Den ganzen Winter hindurch schmückten Veilchen seinen Frühstückstisch, denn schon damals gelang es den Gärtnern die zarten Pflänzchen zum Blühen zu bringen, wenn draußen noch Frost herrschte. Die Begeisterung des preußischen Herrscherhauses für das Symbol von Unschuld und Bescheidenheit machte Berlin zur Hochburg der Veilchenzucht. Erst durch die Eisenbahn, die das prächtigere Parma-Veilchen (*Viola suavis*) aus dem sonnigen Süden herüber transportierte, ging die Berliner Veilchenzucht schließlich zu Ende.

Noch heute erinnert die wichtigste Sorte des Duft-Veilchens, 'Königin Charlotte', an diese Glanzzeit preußischer Veilchenzucht. Nach Sophie-Charlotte, der Gemahlin des ersten preußischen Königs, ist die blauviolette, stark duftende Sorte benannt, die heute weitgehend das Angebot an Duft-Veilchen beherrscht. Nur mit etwas Glück bekommt man die violettblaue 'Triumph', die purpurrote 'Red Charme' oder die cremegelbe 'Irish Elegance'.

Das Duft-Veilchen (*Viola odorata*) eröffnet den Veilchenreigen im Garten. Schon im März entfalten sich die ersten seiner fünfblättrigen Blüten mit dem kräftigen Sporn. Der gelbe Mittelfleck signalisiert deutlich, dass es hier etwas zu naschen gibt. Hummeln und Wildbienen werden unwiderstehlich angelockt. Bescheidener als das Duft-Veilchen gibt sich das duftlose, heimische Hunds-Veilchen (*Viola canina*), das mit seinem etwas unordentlichen Wuchs am ehesten in

Naturgartenpartien passt. Gartenwürdiger ist das Labrador-Veilchen (*Viola labradorica*), das wie das Hunds-Veilchen an die Blütezeit von *Viola odorata* anschließt und im April/Mai blüht. Porzellanblau schimmern seine Blüten über dunkelgrünen, braunviolett überlaufenen Blättern. Das Pfingst-Veilchen (*Viola sororia*) beschließt den Veilchenreigen im Mai/Juni. Seinen stärksten Auftritt hat es in der schneeweißen Sorte 'Immaculata', die sich über und über mit den kräftigen kleinen Blüten schmückt. Die dunkelblauen Blüten der Art geben sich dagegen viel bescheidener.

So zart die kleinen Veilchen-Pflänzchen wirken, so eigensinnig benehmen sie sich im Garten. Einen dauerhaften Platz lassen sie sich nicht zuweisen. Sie breiten sich aus, erobern mildfeuchte bis trockene, nährstoffreiche Standorte, die durchaus besonnt seine können. Ameisen helfen ihnen dabei. Sie verschleppen die feinen Samen mit ihrem eiweißhaltigen Anhängsel quer durch den Garten. Und da die Pflanzen außerdem auch noch Ausläufer bilden, an deren Ende wiederum kleine Pflänzchen heranwachsen, entstehen ganze Veilchenteppiche an Plätzen, die ihnen gar nicht zugedacht waren.

Aber wer könnte den Winzlingen schon böse sein. Noch dazu wenn man weiß, dass Veilchen auch als Heilkraut ihre Rolle erfolgreich spielen. Als mildes schleimlösendes Mittel wirken sie gegen Husten und Heiserkeit. Veilchensirup gehörte früher in jede Hausapotheke und Sänger kauten Veilchenpastillen, damit ihre Stimmbänder geschmeidig blieben. Wer heute die Heilwirkung der *Viola* nutzen möchte, gibt zwei Teelöffel des getrockneten Krauts auf eine Tasse Wasser, lässt eine viertel Stunde köcheln, gießt ab und trinkt den Tee in kleinen Schlucken.

MAGNOLIEN

Blüten des Jugendstils

Abbildungen der rahmweißen Blüten mit dem rosa Hauch schmücken Glasfenster und Wandfliesen, Bucheinbände und Hausfassaden. Der Jugendstil, um die Wende zum 20. Jahrhundert entstanden, ist ohne die Blüten der Tulpen-Magnolie (*Magnolia × soulangeana*) undenkbar. Perfekt entwickeln sich aus der eleganten Blütenform die vegetativen Ornamente, die typisch sind für die Zeit. Allein die Seerose kommt der Magnolie an Bedeutung gleich.

Stammmutter der großblumigen Bäume und Sträucher ist *Magnolia denudata*, die „Jadeorchidee“, wie die Chinesen sie nennen. Als Sinnbild der Reinheit und Süße war sie allein dem Kaiser vorbehalten. Nur selten gelangte sie als höchste Auszeichnung in den Besitz der Untertanen. Die Wertschätzung für ihr purpurn blühendes Gegenstück, die „lilienblütige“ Purpur-Magnolie (*Magnolia liliiflora*), war nicht ganz so groß. Auch wenn wir heute von ihren rosaroten Blüten ähnlich fasziniert sind, wie von den cremeweißen, diente sie vor allem als Pfropfunterlage. Sie erreicht nämlich nur 2 bis 3 m Höhe, während die „Jadeorchidee“ bis zu 10 m groß wird. Daher wurde die weißblütige kurzerhand auf die Wurzeln der schwach wachsenden Schwestern veredelt. So blieben die kaiserlichen Blütenbäume handlich.

Dass es einfacher geht, die Eigenschaften der beiden Magnolien-Arten zu kombinieren, entdeckten in der ersten Hälfte des 19. Jahrhunderts die Gärtner am Königlichen Institut für Gartenbau in Fromont bei Paris. Sie kreuzten die beiden Magnolien. Das Ergebnis bewundern wir heute in der Tulpen-Magnolie (*Magnolia × soulangeana*) und ihren Sorten, die 3 bis 8 m hoch und ausladend werden können. Der wissenschaftliche Name bezieht sich auf Etienne Soulange-Bodin, den Gründer und Direktor des Instituts. 1827 schwärmte dieser von der Neuzüchtung, sie zeichne sich durch baumartigen Wuchs, attraktives Laub und vor allem durch weit öffnende, brillante Blüten aus, in denen das reinste Weiß mit einem Hauch von Purpur überzogen ist. Je nachdem ob der mütterliche oder väterliche Anteil in den Soulangeana-Sorten überwiegt, variieren Größe und Farbe. Neben diesen Züchtungen spielt die hohe *Magnolia denudata* selbst in unseren Gärten heute keine Rolle. Dafür hat die kleine purpurfarbene Lilienmagnolie sich durchgesetzt. In vielen Gärten öffnet beispielsweise die Sorte 'Nigra' ihre rubinroten, innen weißlichen Blumen.

So exklusiv die Chinesen ihre Magnolien behandelten, so volksnah gingen die Japaner mit der bei ihnen heimischen Magnolie um, der kleinen duftenden Stern-Magnolie (*Magnolia stellata*). Shide-Kobushi, „Hausmagnolie", nannten sie das Gehölz, das in Gärten und Töpfen kultiviert und ob seiner Schönheit verehrt wurde. Da die Japaner eifersüchtig über ihr kulturelles Erbe wachten, gelang der nur 3 m hohe, langsam wachsende Strauch erst in der zweiten Hälfte des 19. Jahrhunderts nach Europa. Seither hat er in vielen Gärten Fuß gefasst. Aber er stand und steht immer ein wenig im Schatten der Tulpen-Magnolie. Daher wünschte so mancher Züchter ihm ein bisschen mehr vom Charakter der Jugendstil-Magnolie. Als Ergebnis

dieses Wunsches entstanden die großblumigen Stern-Magnolien, *Magnolia × loebneri*, in die die baumartige Kobushi-Magnolie (*Magnolia kobus*) eingekreuzt wurde. So beeindruckt zum Beispiel die Sorte 'Merrill' mit klarem Weiß und 'Leonard Messel' schimmert in sanftem Rosa.

Als Vor- und Nachteil zugleich erweist sich die Blütezeit der Magnolien. Im März/April wirken die großen Blumen an den noch kahlen Zweigen einfach atemberaubend. Aber sobald sie sich zu öffnen beginnen, wandern die Blicke der Besitzer auch immer wieder sorgenvoll zum Thermometer, ob nicht Spätfrost die Pracht beeinträchtigt. Ein geschützter Standort hilft, die Gefahr zu verringern. Zum Glück leiden aber nur die Blüten unter dem kalten Hauch. Die nachfolgend erscheinenden Blätter entwickeln sich normal.

Weniger Probleme mit Spätfrost gibt es bei den neuen gelbblütigen Magnolien. Sie stammen von der sehr frostharten, nordamerikanischen Gurken-Magnolie (*Magnolia acuminata*) ab, die den Namen ihren gurkenähnlichen Früchten verdankt. Als Gartengehölz hatte diese Magnolie früher kaum Bedeutung, weil sie relativ kleine, gelbe Blüten trägt, die erst im Juni/Juli erscheinen und vor dem hellgrünen Laub wenig auffallen. Aber inzwischen haben sich amerikanische und japanische Züchter des Baumes angenommen. Das Ergebnis sind großblütige Sorten wie 'Yellow Bird', 'Sunsation' und 'Koban Dori'.

Aus dem warmen Süden ist schließlich die Immergrüne Magnolie (*Magnolia grandiflora*) bekannt, die zu einem eindrucksvollen Baum heranwächst. Ihre schneeweißen Blüten bilden im Sommer einen schönen Kontrast zu den großen, dunkelgrünen Blättern. Ihr Nachteil: Sie ist nicht sicher frosthart. Nur an geschützten Standorten im Weinbauklima sollte man es wagen, besonders frostresistente Sorten wie 'Spring Grove' oder 'H.D. Blackwell' anzupflanzen.

Alle Magnolien stammen aus lichten Wäldern, in denen sie auf gleichmäßig feuchten, nährstoffreichen und humosen Standorten wachsen. Kalk mögen sie nicht, die Böden sollten daher möglichst neutral oder sogar leicht sauer sein. Die größte Toleranz gegenüber kalkhaltigen Böden besitzen *Magnolia × loebneri* und die Gurken-Magnolie. Pralle Mittagssonne gibt es an ihren natürlichen Standorten nicht. Man darf sie daher ruhig an leicht beschattete Plätze pflanzen. Vor allem im frühen Frühjahr, wenn die Sonne tagsüber schon kräftig wärmt und die Temperaturen nachts noch unter den Gefrierpunkt sinken, sind Magnolien dankbar für Schatten, der die Schwankungen mildert. Eine Besonderheit sind die kräftigen Wurzeln, die sich flach im Boden ausbreiten. Um Verletzungen zu vermeiden, sollte in ihrem Bereich möglichst nicht gegraben werden. Da Magnolien aber am besten als Solitär wirken, stellt man sie ohnehin meist einzeln in den Rasen. So lassen sie sich ungestört von allen Seiten bewundern.

BLUMEN

Rund um Liebesleid und Liebesfreud

Wenn der Puls klopft und die Stimme versagt vor lauter Verliebtheit, dann müssen es rote Rosen sein. Keine andere Blume steht so für den Gefühlsüberschwang junger Liebe. Selbst supercoole Youngsters greifen dann zu den dicken Blütenköpfen von 'Grand Gala', 'First Red' oder 'Red France'. Aber bloß keine richtigen Sträuße, kein Beiwerk, kein Verarbeiten. Ein Stiel – unverpackt – ist hip, so als habe man die Blume gerade im Vorgarten gepflückt. Alles andere sieht nach Absicht und Planung aus, legt fest, wo doch vorsichtige Annäherung angesagt ist. Erst wenn die Beziehung stabil geworden ist, haben Rosensträuße eine Chance. Vor allem an den Gedenktagen der Zweisamkeit werden sie zum Symbol des gemeinsamen Glücks, das – die runde Blütenform macht es deutlich – ewig halten soll.

Die Symbolik der Rosen wird in fast allen europäischen Ländern in ähnlicher Weise verstanden und schon seit Jahrhunderten genutzt. Ungezählte Lieder und Gedichte, Sitten und Bräuche verbinden Rosen und Liebe. Ein sehr hübsches mittelalterliches Rosenorakel gab zum Beispiel Aufschluss darüber, ob und wie eine Beziehung sich entwickeln würde. Dazu setzten die beiden jungen Leute Rosenblütenblätter wie Schiffchen aufs Wasser. Trieben sie aufeinander zu, gab es ein gemeinsames Glück. Schwammen sie in verschiedene Richtungen auseinander, führten die Wege der beiden nicht zusammen.

Setzt das Rosenorakel voraus, dass zwei gemeinsam den Blick in die Zukunft wagen, wird das Gänseblümchen- oder Margeriten-Orakel ohne Wissen des ersehnten Partners angerufen. So wie von Fausts Gretchen wird schon seit Jahrhunderten „Er liebt mich, er liebt mich nicht …", gezupft. Im Umkehrschluss signalisierten Damen, die sich im Mittelalter mit ungezupften Margeriten schmückten, ihrem Verehrer Unentschlossenheit.

Blumen unterstützen alle Versuche, Unentschlossenheit oder gar Abneigung doch noch in Zuneigung und Liebe zu verwandeln.

Romantische Sträußchen aus duftenden Veilchen und Maiglöckchen spielten und spielen auf Anmut und unschuldige Schönheit der Angebeteten an. Man „kämpft“ mit der Schwertlilie in der Hand um sein Glück. Goldlack, als Zeichen unbeschreiblicher Sehnsucht, und Vergissmeinnicht drücken Herzenswünsche aus. Außerdem gibt es natürlich die Chance, sich mit Hilfe einer der vielen Liebespflanzen die angebetete Person gewogen zu machen. Der Akelei wurde bei-

spielsweise große Wirkung in Liebes-Angelegenheiten beigemessen. Sie mischte man genauso in Liebestränke wie die gestoßenen Wurzelknollen des Alpenveilchens oder die Knollen der Zahnlilie (*Erythronium dens-canis*). Aber auch duftender Rosmarin und aromatisches Eisenkraut zählten zu den Liebeserweckern. Sogar hochgiftiges Bilsenkraut, Tollkirsche oder Stechapfel fanden sich in Liebestränken wieder. Sie werden das Opfer allerdings eher berauscht als verliebt gemacht haben.

Mancher der Liebestränke wird seinen Zweck erfüllt haben, denn bekanntlich erzeugt Liebe oft Gegenliebe. Dann schlug bald wieder die Stunde der roten Rosen, die überleiten zum Kranz aus Brautmyrte und Orangenblüten.

Ließ sich der oder die Angebetete nicht erweichen, blieben nur Tränendes Herz, weiße Lilie oder roter Mohn. Das Tränende Herz spiegelt wie kaum eine andere Blume den Seelenschmerz unglücklicher Liebe wieder. Die weiße Lilie als Blume der Reinheit steht für die aus der Ferne verehrende Liebe. Und der rote Mohn schließlich macht den Schmerz erträglich und tröstet mit seinen schnell abfallenden Blütenblättern darüber hinweg, dass Verliebtheit manchmal rasch vergeht.

Mit einiger Häme kann man dann auf diejenigen blicken, die sich bereits auf der Seite des Glücks wähnten, denen es aber schneller verwehte, als gedacht. Was tun, wenn derjenige, den man mit allen Mitteln für sich einnehmen wollte, sich bei engerem Zusammensein als unerträglich erweist? Falscher Liebeszauber muss dann am Werk gewesen sein. Pflanzen helfen, die unerwünschte Liebe wieder zum Verschwinden zu bringen. Von Dill und Salbei heißt es, dass sie zwar Gaumen und Zunge kitzeln, die Gefühle aber einschläfern. Raute (*Ruta graveolens*) gilt als Gnadenkraut gegen jeglichen bösen Zauber. Sie vertreibt Ratten, Motten, hilft gegen Schlangenbisse und falschen Liebeszauber. Auch dem Dost (*Origanum vulgare*) soll eine ähnliche Kraft inne wohnen. Obwohl heute seine Kraft eher als Pizzagewürz geschätzt wird oder sein frisches Rosaviolett als Beiwerk in sommerlichen Sträußen.

MOHN

Filigrane Schönheit und prunkende Fülle

Man vermag es kaum zu glauben: Vom keltischen Wort *papa* für Brei leitet sich *Papaver*, der lateinische Name des Mohns ab. Allgemein üblich war es früher, Mohnsaft in den Kinderbrei zu mischen, damit die Kleinen Ruhe gaben. Ob der hochgiftige, blassviolett blühende Schlaf-Mohn (*Papaver somniferum*) für diesen Zweck herhielt, darf aber bezweifelt werden. Zu schwierig war seine sichere Dosierung. Beruhigungsstoffe (Alkaloide) enthalten schließlich auch alle anderen der rund einhundert Mohnarten, wenn auch in sehr viel geringerer Menge und anderer Zusammensetzung als der Schlaf-Mohn.

Als Pflanze des Vergessens und des mildtätigen Schlafes galt der Mohn schon bei den alten Griechen. Morpheus, dem Gott der Träume, und Hypnos, dem Gott des Schlafes, opferten sie die roten Blumen. Die winzigen Samen aber, die Mohn in großer Fülle hervorbringt, gehörten Aphrodite, Venus und Demeter, den Göttinnen der Liebe und Fruchtbarkeit. Schließlich kommt kaum eine andere Pflanze dem Klatsch-Mohn an Fruchtbarkeit gleich, wenn er einen umgebrochenen Acker mit seinem Rot überzieht. Beim Schlaf-Mohn wurden über dreißigtausend Samen gezählt, die in einer einzigen Kapsel heranreifen. Solche Fülle macht erfinderisch, auch wenn das einzelne Korn noch so winzig ist. Und da der Samen des Schlaf-Mohns selbst praktisch keine Alkaloide enthält, machte er als köstliche Beigabe zu Gebäck und Kuchenfüllungen Karriere.

Trotz dieser harmlosen Seite des Mohns ist der Anbau von *Papaver somniferum* heute bei uns verboten – sogar die Kapseln müssen entgiftet werden, bevor sie in den Handel kommen. Dafür darf man sich am Orientalischen Mohn, Island-Mohn, Alpen-Mohn oder den Gartensorten des Klatsch-Mohns guten Gewissens erfreuen.

Der Star unter den Gartenmohn-Arten ist zweifellos der Orientalische Mohn (*Papaver orientale*). Schon die Sortennamen wie 'Türkenlouis', 'Ali Baba' oder 'Suleika' malen ein Bild von glühendem Rot

vor das innere Auge. Mit Blütendurchmessern von 10 cm und mehr entzünden sie im Garten ein unglaubliches Leuchtfeuer, das alle anderen Blüher in ihrer Nähe erblassen lässt. Voller Staunen steht man dann vor den strahlenden Blumen, die mit fein geknitterten Blütenblättern daran erinnern, aus welch kleinen Knospen sie hervor geplatzt sind. Wem die glühenden Rottöne zu dominant sind, der findet auch verträglichere Sorten wie die rosa 'Lighthouse', die elegante lachsrosa 'Degas' oder die edle weißlich-rosa 'Karine', die sich besonders schön mit graulaubigen Pflanzen wie *Artemisia*, Perlkörbchen (*Anaphalis*) oder weißblütigem Storchschnabel (zum Beispiel *Geranium dalmaticum* 'Album' oder *cantabrigiense*) verträgt.

So überwältigend die Wucht der Blüten ist, nach rund drei Wochen vergeht die Pracht und wenig später beginnen die Pflanzen einzuziehen. Erst im Spätsommer entdeckt man wieder frisches Grün an gleicher Stelle, das ähnliche Blütenfülle im kommenden Jahr vorbereitet. Orientalischen Mohn pflanzt man daher am besten so, dass Sommerblüher wie Rudbeckien, Astern oder Feinstrahlastern die Kahlstelle verdecken oder man setzt an anderer Stelle deutliche Farbakzente, die das Auge ablenken. Bei den anderen Mohnarten ist diese Umsicht nicht nötig. Ziehen ihre Blatthorste ein, schließen die Nachbarpflanzen meist schnell die Lücke.

Papaver nudicaule, der Island-Mohn, ist der bekannteste unter den zierlicheren Mohnarten. Schon im frühen Frühjahr entdeckt man ihn als Schnittblume in den Blumengeschäften. Riesenblumige Sorten liefern die langstieligen Exemplare, die seidige Schalen auf langen Stielen schweben lassen. Leuchtendes Orange, Gelb, Rot auch Rosa und Weiß sind ihre Farben, die sich ab Mai wiederholen, wenn der Island-Mohn als Topfpflanze angeboten wird. Man darf ihn getrost ins Staudenbeet pflanzen, damit auch im nächsten Jahr die zarten Blüten aus haarigen Knospen platzen. Sehr langlebig ist der Island-Mohn allerdings nicht. Aber er sät sich gern aus und zaubert dann an anderer Stelle seine filigranen Schalen.

Eher für den Steingarten eignet sich der nur 20 cm hohe Alpen-Mohn (*Papaver alpinum*). Auch er spielt die leuchtenden Farben des Island-Mohns durch und macht sich reizend neben den bizarren Gestalten von Dachwurz und Steinbrech. Die Sorten des Klatsch-Mohns (*Papaver rhoeas*) bekommt manchmal ungewollt, wer Wiesenmischungen im Garten aussät. Statt des gleichmäßig roten wilden Mohns öffnen sich dann Blumen in Farbmischungen von Rot, Rosa und Weiß und gefüllte Blüten mischen sich unter die ungefüllten. Wer sie gezielt in den Garten säen möchte, wird im Fachhandel am ehesten unter dem Namen Seiden-Mohn fündig. Wie alle anderen Mohnarten darf auch er nach der Aussaat nicht mit Erde überdeckt werden. Mohn ist ein Lichtkeimer, der nur dann zu keimen beginnt, wenn er das Licht des Tages spürt.

LAUCH

Anrüchige Familie mit Blütenpracht

Schon mal probiert? Die rosa Schnittlauchblüten schmelzen fast auf der Zunge. Kräftig zwiebelartig, zugleich ein bisschen süß. Aber eigentlich sind die rosa Pompons an den runden Lauchstielchen viel zu schade zum Aufessen. Denn wenn es um Schönheit geht, kann blühender Schnittlauch sich mit so mancher Gartenblume messen. Das strahlende Rosa kontrastiert überraschend gut mit dem streng aufrechten Busch aus Röhrenblättchen. Damit kann er im Staudenbeet zum Beispiel neben Iris, Salbei und Lavendel mühelos eine Rolle spielen. Gern verwendet wird *Allium schoenoprasum*, wie der Schnittlauch botanisch heißt, in der Dachbegrünung. Hier erweist er sich als ausgesprochen robust und setzt Kontraste zu dickfleischigen und Trockenheit liebenden Überlebenskünstlern wie Dachwurz und Thymian. Nur wer Schnittlauch ausschließlich als Gewürzlieferant für die Küche betrachtet und immer wieder radikal schneidet, hat wenig Chancen, sich an den Blüten zu erfreuen.

Seit alters spielen Knoblauch, Zwiebeln und Co. rund um den Erdball eine zentrale Rolle im Speiseplan der Menschen. Aber Zwiebeln und Knoblauch stinken auch und wer wichtige Gespräche zu absolvieren hat, macht am Vortag einen Bogen um die Küchenlilie. Zierlauch, mag er noch so hübsch sein, hat es schwer, gegen dieses Image anzukommen. Da hilft selbst der angenehme Duft einiger Arten nichts. *Allium* liegt in der Popularität weit hinter anderen Zwiebel- und Knollengewächsen wie Tulpe, Narzisse, Dahlie oder Gladiole. Und das ist schade. Denn unter den 800 bis 1000 Laucharten weltweit gibt es viele liebliche oder eindrucksvolle Pflanzengestalten, die es wert sind, einen Standort im Garten zu bekommen.

Je nach Art wird Zierlauch zwischen 10 cm und 175 cm hoch. Sorgen die einen für Blütentupfer im Steingarten, spielen die anderen eine dominante Rolle im sonnig-warmen Staudenbeet. Am auffälligsten sind die großblütigen Zierlaucharten, die Blütenbälle von bis zu 25 cm Durchmesser entwickeln können. Der Riesen-Lauch (*Allium giganteum*) lässt die purpurvioletten Kugeln in 150 bis 175 cm Höhe auf blattlosen Stängeln schweben. Juni und Juli ist seine Zeit. Ihn wie auch die anderen Laucharten sollte man möglichst nicht allein pflanzen. Erst das Pendant, die Gruppe macht den Zierlauch zum Hingucker. Fast noch eindrucksvoller wirken die violetten Blütenstände von 'Globemaster', einer Kreuzung, die rund 100 cm Höhe erreicht. Sie soll die größte Anzahl Einzelblüten zum Ball runden – aber wer wollte die Fülle der Sternchen schon zählen? Wie die zierlichere Variante des 'Globemaster' erscheint der *Allium aflatunense* aus Mittelasien mit seinen 10 cm breiten Bällen. Er wirkt weniger dominant als die beiden dickblütigen Vertreter und belebt nach Abklingen der ersten Frühlingsfarben die Staudenrabatte mit seiner frischen violettrosa Farbe.

Als Charakterdarsteller gelten Sternkugel-Lauch (*Allium christophii*) und Blauzungen-Lauch (*Allium karataviense*). Zu einem durchsichtigen Netzball verweben sich beim Sternkugel-Lauch die rund hundert Sternblüten mit ihren extrem schmalen Strahlen. Silbrig violett schwebt der Ball in 40 bis 50 cm Höhe. Am besten setzt man ihn zwischen niedrige Bodendecker, über denen seine grafisch strenge Gestalt am besten zur Geltung kommt. Bodendecker und größere

Steingärten bieten auch dem Blauzungen-Lauch den richtigen Rahmen. Seine 12 cm dicke hellrosa Kugelblüte trägt er nur 20 cm hoch über dem Boden. Als perfektes Beiwerk umgeben zwei lange blaugrüne Blattzungen den Stängel.

Allium sphaerocephalon, der Kugel-Lauch, bildet den Übergang von den mächtigen Kugeln zu den zierlichen Laucharten. Purpurrot und in bis zu 6 cm dicker, charakteristischer Eiform setzt er im Juli/August den Schlusspunkt unter den *Allium*-Reigen. Mit seinem kräftigen Rosarot gilt der Rosen-Zwerg-Lauch (*Allium oreophilum*, früher *A. ostrowskianum*) als einer der hübschesten unter den kleinen Laucharten. Kräftig rosarot und in kleinen lockeren Dolden wiegen sich die Blüten in 15 bis 20 cm Höhe. Das gelbe Gegenstück bildet der Gold-Lauch (*Allium moly*), der sich zum Verwildern eignet und anders als die meisten *Allium*-Arten auch im Halbschatten gut zurecht kommt. Überraschend lebhaftes Blau liefert der Blau-Lauch (*Allium caeruleum*), der mit seinen 4 cm dicken Kugelblüten auf 40 cm hohem Stiel an die mächtigen Laucharten erinnert.

Süße Düfte spielen bei den weißen Lauchvertretern eine Rolle. Strahlend weiß präsentiert sich der Neapel-Lauch (*Allium neapolitanum*), den man auch als lange haltbare Schnittblume kennt. An Eleganz noch übertroffen wird er vom Schwarzen Lauch (*Allium nigrum*), der – seinem Namen zum Trotz – durch mattweiße, halbkugelige Dolden besticht. Wer sich den beiden nähert, sieht sich von zarten Aromen umschmeichelt.

Das ist beim heimischen Bär-Lauch (*Allium ursinum*) völlig anders. Zwar kleidet auch er sich in die Farbe der Unschuld. Aber wenn er in feuchten Wäldern in Massen auftritt, riecht man ihn schon von weitem. Sein kräftiges Aroma hat ihm zu Küchenehren verholfen. Sparsam verwendet ist er mit frischem Grün und klarem Weiß auch für naturnahe, feuchte Gartenpartien ein echter Schatz.

Grüne und blühende MAUERN

Mauern und Pflanzen, das ist Härte kontra Nachgiebigkeit. Leben entsteht in scheinbar unveränderbarem Stein. Zarte Ranken legen Schleier über scharfe Ecken und abweisende Kanten. Wer an grüne und blühende Mauern denkt, hat meist Schlinger und Ranker vor Augen. Es gibt aber auch die Schar der Pflanzen, die auf feinste Fugen und Risse spezialisiert ist, die mit winzigen Krümchen Humus in Spalten und Mauerlücken zurecht kommt. Sie im Garten anzusiedeln ist Herausforderung und Vergnügen zugleich.

Der ideale Standort für diese Lebenskünstler unter den Pflanzen sind Trockenmauern, also Mauern, die ohne Mörtel trocken aufeinander geschichtet werden. Es ist die älteste Form des Mauerns, die allein auf das Gewicht der Steine setzt, um Stabilität zu erzielen. Richtig aufgesetzt eignen sie sich genauso als solide Begrenzungsmauern wie als Stützmauern und Treppenwangen. Dabei lässt die Verschiedenartigkeit des Materials und die unterschiedliche Form der Be- und Verarbeitung eine große Bandbreite der Gestaltung zu. Wie alte Flurmauern zum Beispiel im Schweizer Jura oder in Schottland zeigen, lassen sich völlig unbehauene Steine dauerhaft trocken aufschichten. Sie bieten die größten Lücken, in denen Pflanzen wurzeln können. Alt eingewachsene Flurmauern bilden daher wichtige Lebensräume auch für bedrohte Arten. Oder man setzt wie bei vielen Weinbergsmauern grob behauene Quader aufeinander. Besonders perfekt fügen sich glatt behauene Steine zusammen, aus denen beispielsweise das Rund alter römischer Torbögen besteht. Auch in ihren schmalen Fugen ist noch Platz für manche Wurzel. Im Garten bestimmen Situation und Zweck, ob grobe oder bearbeitete Natursteine, Klinker oder Betonsteine das richtige Material für die Mauer bilden.

Die Breite der Fugen entscheidet über die Pflanzenarten, die in den Mauern Fuß fassen können. In den schmalsten Ritzen existieren nur das Zimbelkraut (*Cymbalaria muralis*), die Mauerraute (*Asplenium ruta-muraria*) und der Schwarzstielige Streifenfarn (*Asplenium trichomanes*). Aber was heißt „nur“, wenn die drei Arten allein es schaffen, die Mauer zu verwandeln? Lange Matten aus feinen efeuartigen Blättchen lässt das Zimbelkraut über die Steine herabfallen. Von Juni bis September lachen kleine hellviolette Löwenmäulchen-Blüten mit gelbem Fleck über dem Grün. Daneben sticken die beiden Farnarten grüne Muster auf die Steine: die Mauerraute mit 3 bis 15 cm langen, fein zerteilten Blättchen, der Streifenfarn mit 5 bis 20 cm langen Wedeln, an denen die runden Blättchen wie an einer Schnur rechts und links aufgereiht sind. Ein bisschen Feuchte brauchen alle drei, um zu überleben. Mauerpartien, die die Sonne extrem aufheizt und austrocknet, erobern sie nicht.

Sobald die Fugen ein wenig breiter sind, nimmt das Spektrum der Pflanzen zu. Dann ist Platz für den Mauerpfeffer (*Sedum album* 'Murale'), der prächtige blauviolette Natterkopf (*Echium vulgare*) kann sich breit machen oder das zierliche Spanische Gänseblümchen (*Erigeron karvinskianus*), das allerdings nicht sicher winterhart ist. Sie alle lieben warme Steinfugen wie auch der eigentümliche Milz- oder Schriftfarn (*Asplenium ceterach*, früher *Ceterach officinarum*)

mit seiner filzigen Unterseite. Alle Hauswurz-Arten wie der weiß übersponnene Spinnweb-Hauswurz (*Sempervivum arachnoideum*) finden zwischen den Steinen Platz, Thymian kann aus den Fugen quellen. Ein wahres Feuerwerk in Gelb entfacht das Berg-Steinkraut (*Alyssum montanum*) im Frühjahr. Später quillt in Rot oder Weiß die Spornblume (*Centranthus ruber*) hervor. Die Zwerg-Glockenblume (*Campanula cochleariifolia*) setzt feines Blau dagegen.

Liegt die Mauer mehr im kühlen Schatten, bietet sich mit dem Blau der Polster-Glockenblumen (*Campanula garganica, C. portenschlagiana* oder *C. poscharskyana*) ein nicht weniger hübsches blaues Schauspiel. Genauso reizvoll wirken Veilchen, die ihre Blüten vor dem harten Gestein erheben. Kühle liebende Steinbrech-Arten wie das Porzellanblümchen (*Saxifraga umbrosa*), die verschiedenen Moos-Steinbreche (*Saxifraga × arendsii*) mit karminroten, weißen oder gelblichen Blüten lassen sich ansiedeln oder *Saxifraga trifurcata* mit seinen lockeren Polstern. Die weiße Gänsekresse (*Arabis procurrens* oder *Arabis × suendermannii*) passt genauso hierher wie der blau blühende Kärntner Kuhtritt (*Wulfenia carinthiaca*).

Am besten setzt man bereits während des Mauerbaues die Pflanzen an die gewünschten Stellen. Meist reichen ein paar bewurzelte Triebe, denen man ein bisschen Humus beigibt. Auch ein paar Samenkörner in etwas Erde gemengt, lassen sich zwischen die Fugen schieben. Für anspruchsvollere Arten spart man ein Mauerstück aus, in das der Wurzelballen hineinpasst. Dann kommt auch die feine Aurikel (*Primula auricula*) mit dem Standort zurecht. Bergenien, Fingerkraut oder Island-Mohn können Fuß fassen, der schöne Bitterwurz (*Lewisia*) oder das Sonnenröschen.

Hüten aber sollte man sich, die Mauer mit Pflanzen zu überfrachten. Denn meist entwickelt sich schon bald ein dynamisches Wachstum. Durch Selbstaussaat und Ausläufer erobern die eingesetzten Pflanzen neue Plätze und bald spielen unvorhergesehene Arten mit, die der Wind heran treibt oder deren Samen Vögel in den Ritzen verstecken. So bietet sich jedes Jahr ein neues Schauspiel, denn Gartenmauern sind immer für Überraschungen gut.

IRIS *Die Göttin des Regenbogens*

Wie ein Regenbogen schimmern die Felder in Oregon. Schwärzliches Violett, leuchtendes Purpur, lichtes Himmelblau und cremefarbenes Gelb reihen sich aneinander. Die beiden größten Züchter von Bart-Iris (*Iris germanica*) haben hier in den USA ihre Betriebe. Auf jeweils rund 100 ha steht Schwertlilie neben Schwertlilie, mal zweifarbig, mal in vielen Farbnuancen schillernd. Ein Blick über die Felder macht begreiflich, warum diese Pflanze nach Iris, der griechischen Göttin des Regenbogens, benannt wurde.

Die Fantasie der Menschen hat sie schon immer beschäftigt. Für die Germanen war sie die Blume der Frühlingsgöttin Ostara. Die mittelalterliche Mythologie machte sie zur Marienblume, die das Blau der Himmelskönigin trägt und mit ihren schwertartigen Blättern den Teufel abwehrt. Noch heute findet man auf Mallorca im Umfeld der mittelalterlichen Wachtürme, der Atalayas, verwilderte Iris, die mit ihren Schwertern das Böse fernhalten sollen. Zahlreiche Herrscherhäuser nahmen das Symbol der Ritterlichkeit, des Siegs und der Eroberung in ihr Banner. So ist sie die „Lilie" der Bourbonen; sie blühte für Sizilien, Ungarn, Navarra und zeitweise auch für England.

Heute ist die symbolische Bedeutung der Iris weitgehend vergessen. Dafür begeistern sich Hunderte von Iris-Liebhabern in aller Welt für die majestätische Blume. Sie sammeln, züchten und tauschen in Irisgesellschaften ihre Erfahrungen aus. Mehrere 100 000 Sorten der Bart-Iris sind weltweit registriert, schätzt Susanne Weber aus der renommiertesten deutschen Irisgärtnerei, dem Staudenbetrieb Gräfin von Zeppelin in Sulzbach. In Deutschland werden vor allem klare Farben bevorzugt, ist ihre Erfahrung. „Am beliebtesten sind Hellblau, Mittelblau, Dunkelblau bis Schwarzblau, ein klares Enzianblau gibt es noch nicht, aber die Neuzüchtungen kommen diesem Ziel näher." Nur wenige Freunde finden hierzulande Senf- und Brauntöne sowie Mischfarben, die in den USA hoch im Kurs stehen.

Charakteristisch für die Bart-Iris sind elegant emporgeschlagene Hochblätter, Dom genannt, und bogig herabfließende Hängeblätter.

Zwischen ihnen öffnet sich der Eingang zum röhrenartig verwachsenen Blüteninnern, vor dem sich der charakteristische Bart ausbreitet. Er steht oft in farblichem Kontrast zu den Blütenblättern und erhöht so für das menschliche Auge den Reiz des Farbenspiels. Für Insekten, vorzugsweise die kräftigen Hummeln, signalisiert die Kontrastfarbe den Weg zu Nektar und Pollen.

Wer Bart-Iris für den Garten kaufen möchte, muss sich nicht nur unter den vielerlei Farben entscheiden. Er hat auch die Wahl zwischen drei verschieden hoch wachsenden Iris-Gruppen. Die kleinen Zwerg-Iris tragen ihre Blüten in nur 10 bis 40 cm Höhe und blühen bereits Ende April. Im Mai öffnen sich die Blüten der Mittelhohen Bart-Iris mit 50 bis 70 cm Höhe, und den Schluss bilden die Hohen Bart-Iris, die bis in den Juni hinein blühen und 70 bis 120 cm erreichen.

Der ideale Standort für Bart-Iris ist kalkhaltig, durchlässig, sonnig und trocken. Auf einem heißen Südhang, im Regenschutz einer besonnten Mauer fühlen sie sich wohl. Die großblumigen und edlen Sorten brauchen einen lehmhaltigen und nährstoffreichen Boden. Anspruchsloser sind die kleinblumigen Sorten, sie nehmen auch mit steinigen Böden vorlieb. Die verdickten Wurzeln, die Gärtner sagen Rhizome dazu, speichern genügend Feuchtigkeit, um auch extreme Trockenheit zu überstehen. In der Normandie gedeihen Iris sogar auf den Strohdächern alter Bauernhäuser, auf die sie vermutlich zur Blitzabwehr gesetzt wurden.

Iris dürfen nur flach gepflanzt werden. Die dicken Rhizome wollen unmittelbar an der Erdoberfläche liegen und sogar etwas heraus sehen. Schneidet man im Herbst und Frühjahr die trockenen Blätter ab, entfernt man gleichzeitig die Quelle für Pilzkrankheiten. Außerdem hat es sich bewährt, scharfen Sand rund um die Pflanzen zu streuen, denn auch Schnecken sind Liebhaber von Iris.

So robust Bart-Iris bei Trockenheit sind, so heikel reagieren sie auf feuchte oder staunasse Böden. Häufig stellt sich Wurzelfäule ein, die die Rhizome zerfrisst. Das einzige Mittel dagegen ist großzügiges Ausschneiden der faulen Stellen. Bevor die Pflanze an einen trockenen Standort umgesiedelt wird, desinfiziert man die Schnittflächen mit etwas Holzkohlenstaub.

Wer keine sonnig-trockenen Standorte im Garten findet, muss auf die „Göttin des Regenbogens" nicht verzichten. Neben der Bart-Iris (*Iris germanica*) umfasst die Gattung *Iris* rund 200 weitere Arten. Unter ihnen die heimische Sumpf-Schwertlilie (*Iris pseudacorus*), die sogar im Wasser stehen will, die Sibirische Schwertlilie (*Iris sibirica*) und die Wiesen-Iris (*Iris spuria*), die frische Plätze bevorzugen. Ein Kapitel für sich bilden die Zwiebel-Iris, unter denen sich auch viele Gartenschätze entdecken lassen, wie die als Schnittblumen bekannten *Iris × hollandica* oder die ganz frühe Kleine Netzblatt-Iris (*Iris reticulata*).

PFINGSTROSE

Heilkräftige Schönheit

Marienrose, Benediktenrose, Königsrose, Gichtrose – lang ist die Liste der Namen, die der Pfingstrose verliehen wurden. In allen schwingt Bewunderung mit über die Blume ohne Makel. Kein Stachel trübt das Vergnügen an den edlen Blumen, wie bei der Rose. Kein Gift fließt in ihren Adern, das den Bewunderern schaden könnte. Stattdessen verbindet sie Schönheit mit Heilkraft, die bei Krankheiten wie Gicht und Epilepsie helfen, das Zahnen erleichtern und Wunden heilen soll.

Die Heilkraft ist in heutiger Zeit weitgehend in Vergessenheit geraten, auch wenn die Wissenschaft mittlerweile das wundheilende Peregrin als wirksame Substanz in der Pflanze identifiziert hat. Es ist die Schönheit der Pfingstrose, die uns nach wie vor berührt. Auf dem Höhepunkt des Frühjahrs, wenn Tulpen und Narzissen sich verabschieden, die Rosen noch in den Knospen stecken, dann steht sie in voller Pracht.

Oft ist es die robuste rote Bauern-Pfingstrose (*Paeonia officinalis* 'Rubra Plena'), die schon Albertus Magnus im 13. Jahrhundert als Gartenpflanze erwähnt. Ihre ungefüllten, wilden Vorfahren findet man mit einigem Glück noch heute in den wärmeren Regionen der Schweiz, in Frankreich und auf dem Balkan. Zum Lob der Jungfrau Maria und zu Arzneizwecken zog sie in die Klostergärten ein. Dort veränderte sie sich dank der guten Pflege. Die Zahl der Blütenblätter nahm zu. Aus der einfachen Blüte wurden üppig gefüllte Blumen. Zur roten 'Rubra Plena' gesellte sich die weiße 'Alba Plena' und die rosa 'Rosea Plena'. So prächtig fand sie sich bald auch in den Bauerngärten wieder, wo sie ideale Lebensbedingungen fand. Sonnig, nährstoffreich, lehmig, frisch bis mäßig trocken will sie stehen; alles Bedingungen, wie sie für die Kultur von Bohnen, Zwiebeln und Kohl richtig sind. Zum gern gesehenen Gartenbewohner wurde sie unter anderem durch die geringen Pflegeansprüche. Denn am liebsten wächst sie völlig ungestört. 30 Jahre kann sie so am gleichen Fleck stehen und wird von Jahr zu Jahr schöner.

Neben *Paeonia officinalis* hatten die anderen europäischen Pfingstrosen wenig Chancen, in den Gärten Verbreitung zu finden. Zwar werden die stattliche *Paeonia mascula* und die glühend rote *Paeonia peregrina* schon im 17. Jahrhundert im berühmten Buch „Der Garten von Eichstätt" erwähnt. Sie wie die feinblättrige *Paeonia tenuifolia, P. anomala* aus dem Altai-Gebirge oder *P. wittmanniana* aus dem Westkaukasus fanden aber nur Eingang in die Gärten von Kennern. Dafür spielen sie bei der Päonienzucht eine wichtige Rolle. Ihr Blut fließt in *Paeonia*-Hybriden wie der scharlachroten einfachen 'Carina', der korallenrosa 'Coral Charm' oder der halb gefüllten rosa 'Lovely Rose'.

Richtige Konkurrenz für die Bauern-Pfingstrose kam erst Ende des 18. Jahrhunderts nach Europa. Zu diesem Zeitpunkt landeten die ersten Chinesischen Pfingstrosen (*Paeonia lactiflora*) in England. Sie schmücken sich mit gefüllten, anemonenblütigen, schalenförmigen, halb gefüllten Blüten in feinen Nuancen von Weiß, Rosa, Rot, Violett und Gelb. Im fernen Osten zählen sie zu den kostbarsten Pflanzen, deren Schönheit in Gold aufgewogen und in Liedern und Gedichten gepriesen wurde. Jetzt standen auch die Europäer staunend vor den

anmutigen Blumen, die sich obendrein noch in köstlichen Duft hüllen. Auch die längere, wenn auch spätere Blütezeit registrierte man mit großer Freude. Nur einen Wermutstropfen fand man heraus. Bei nasskaltem Frühjahrswetter, wie es auch bei uns oft typisch ist, öffneten sich die Knospen nicht immer zuverlässig. Daher setzte intensive Züchtertätigkeit ein, um neue zuverlässigere, schönblütige Sorten zu gewinnen. Die weiße 'Duchesse de Namours' (1856), die elfenbeinfarbene 'Marie Lemoine' (1869) oder die rosafarbene 'Alexandre Dumas' (1862) stammen aus dieser frühen Zeit. Sie alle gehören noch heute zum Pfingstrosen-Sortiment.

England und Frankreich waren die Hochburgen der Pfingstrosen-Züchtung, Deutschland spielte bis zur Wende des letzten Jahrhunderts nur als „Importland" für die schönen Blumen eine Rolle. Aber der wichtigste Importeur, die Firma Goos und Koenemann, wurde selbst zum Züchter. Fasziniert von den Pflanzen, begann August Koenemann zu kreuzen. 1912 kamen erste Sorten von ihm auf den Markt. Die einfache 'Holbein' in Hellseidenrosa, die dicht gefüllte 'Marksburg' in glühendem Amarantrot oder 'Wiesbaden', Frischrosa mit Lachs, sind Ergebnisse seiner Anstrengungen, an deren unveränderter Pracht man sich noch heute erfreuen kann.

Heinz Klose, Staudengärtner aus Kassel-Lohfelden, absolvierte unmittelbar nach dem Zweiten Weltkrieg seine Gehilfenzeit bei Koenemann und ließ sich unrettbar vom Päonien-Virus infizieren. Gerade noch rechtzeitig, denn die Firma wurde Anfang der 50er-Jahre verkauft, die Päonienbestände gingen verloren. Dafür wurde Klose zum Sammler, Kultivateur und Züchter. 'Rose Klose', 'Margarete Klose' und 'Waldenburg' sind Züchtungen, die unter seinen Händen entstanden. Heute ist die Staudengärtnerei Klose, mittlerweile in den Händen der nächsten Generation, der Päonien-Spezialist in Deutschland mit einem Sortiment von 500 Sorten.

Zur Bundesgartenschau 1981 in Kassel gelang ihm ein besonderes Bravourstück. Zur rechten Zeit geschnittene Pfingstrosen-Knospen, so fand er heraus, lassen sich in der Blütezeit steuern. Kühl und bei der richtigen Luftfeuchte gelagert, blühen sie zum gewünschten Zeitpunkt zuverlässig auf. So blühten frühe und späte Pfingstrosen-Sorten erstmals in einer überwältigenden Hallenschau zusammen. Heute ist dieses Verfahren bei der Behandlung von Schnitt-Pfingstrosen üblich.

Garten für FAULENZER

Faul in der Hängematte ruhen, hören wie die Bienen summen, die Vögel zwitschern, das ist wahre Entspannung. Der Blick gleitet über Blattstrukturen, Grüntöne, ein paar Blütentupfer. Die Idylle wäre perfekt, wäre da nicht der Gedanke an all die Dinge, die erledigt sein wollen: Der Rasen wartet auf den Mäher; die Hecke muss geschnitten werden; schon wieder reckt sich das Unkraut. Gartenarbeit, so genussvoll sie als Ausgleich zum Alltagsstress sein kann, zur lästigen Pflicht sollte sie nicht werden.

Der wahre Faulenzer lässt sich schon mit der Gestaltung des Gartens Zeit. Er beobachtet erst einmal, wie die Sonne wandert, wo tiefer Schatten, pralle Mittagssonne herrscht. Welche Gartenpartien trocknen schlecht ab, wo kommt überhaupt kein Regen hin? Es wäre doch absurd, sich mit Gießen die Zeit zu stehlen, nur weil man die Feuchte liebenden Silberkerzen ins Trockene unter den Dachüberstand gesetzt hat. Oder man hat alle Hände voll zu tun, nur weil die Rosen im Mauerschatten stehen und von Läusen aufgefressen werden. Auch wer ballenweise Torf heran schleppen muss, damit der Heidegarten im kalkhaltigen Boden gedeiht, ist selbst schuld. Wer seinen Garten genießen will, wählt die richtigen Pflanzen für die vorhandenen Standorte. Die Zeit, die man beim Gärtner verbringt, um sich richtig beraten zu lassen, bekommt man später als Mußestunden in vielfacher Weise zurück.

Mit ein paar Tricks erspart man sich das Unkrauthacken. Der Boden darf nicht offen liegen. Freie Flächen sind eine Herausforderung für die Pflanzenpioniere, die in der Natur jedes unbewachsene Fleckchen im Handumdrehen besiedeln. Ihre Samen warten jahrzehntelang im Boden wie der Mohn oder segeln durch die Luft heran wie bei Löwenzahn, Disteln und Weidenröschen. Wer seine Beete hackt, wird ungewollt zum Verbündeten dieser Pflanzen. Stattdessen bepflanzt man freie Flächen unter Bäumen und Sträuchern mit Bodendeckern wie Kleinem Immergrün (*Vinca minor*), Elfenblumen (*Epimedium*) oder Waldsteinien. Ringelblumen, Marien-Glockenblumen, Bechermalve und Kosmeen besetzen als Ein- bzw. Zweijährige die freien Plätze zwischen Stauden und Gehölzen, die erst ihre endgültige Größe erreichen sollen. Besonders bequem sind Gartenvagabunden, die von selbst Plätze erobern, an denen Unkraut sich breit machen könnte. Veilchen gehören dazu, an sonnigen Plätzen der Duftsteinrich, die blaublütige Jakobsleiter oder der Frauenmantel. Das bisschen Unkraut, das dann noch Platz hat, Fuß zu fassen, lässt sich im Vorbeigehen auf dem Weg zur Hängematte auszupfen.

Nicht nur Zeit, sondern auch Sorgfalt erfordert das Hecke-Schneiden. Nebenbei erledigen lässt sich das nicht, sonst machen Bögen und Wellen den Eindruck, man könne die Schere nicht gerade halten. Zum Glück gibt es den Säulen-Lebensbaum (*Thuja occidentalis*) mit seinen verschiedenen Sorten. Er wächst von Natur aus schlank-aufrecht und schließt sich ohne viel Zutun zur grünen Mauer zusammen. Wer ihn nicht mag, umgibt das Zimmer im Freien mit einem Flecht- oder Lattenzaun. Ranken Clematis, Jelängerjelieber oder gar Kiwis daran, sieht er auch ohne ständigen Pflegeschnitt schön aus.

Genialen Faulenzern gelingt es zeitweise, den eigenen Nachwuchs zum Rasenmähen anzustellen. Eine dauerhafte Lösung ist das jedoch meist nicht. Spätestens dann sollte man sich fragen, ob alle Teile des grünen Teppichs gleich intensiv gepflegt werden müssen. Der Lieblingsplatz, auf dem die Liegestühle immer stehen, braucht natürlich seine regelmäßige Schur, sonst ist der Rasen bald abgenutzt. Aber die nicht so stark belasteten Teile vertragen es durchaus, ein paar mal weniger gemäht zu werden. Zwar erscheinen sie nicht so makellos wie der Intensivrasen, aber ist eine mit Gänseblümchen und Veronika gesprenkelte Fläche so schlimm?

In einem sehr kleinen Garten ersetzt man Rasen im Handtuch-Format ohnehin besser durch standortgerechte und damit wenig pflegeaufwendige Stauden- und Gehölzpflanzungen und vielleicht einen zusätzlichen Sitzplatz. Neben den Liegestühlen lassen sich hier schöne Kübelpflanzen wie Engelstrompeten, Fuchsien oder Zitronenbäume aufstellen. Automatische Bewässerung macht ihre Pflege Faulenzer-gerecht. In Erwartung der besonderen Gartenfreuden durch die mediterranen Pflanzen ist das Verlegen der dünnen Bewässerungsschläuche gut investierte Zeit.

Besonders bequem sind Feuchtefühler, die selbstständig die Feuchtigkeit im Kübel messen und entsprechend Wasser geben. Aber auch die Steuerung mit Hilfe einer Zeitschaltuhr tut ihre Dienste. Das Abschalten bei Dauerregen und später das erneute Anschalten verringern die Stunden unterm Sonnenschirm unerheblich. Natürlich spricht nichts dagegen, die automatische Bewässerung auch auf andere Teile des Gartens auszudehnen. Man darf nur nicht vergessen, vor dem ersten Frost die Leitungen zu entleeren. Sonst halst man sich Arbeit auf, die man träumend viel besser verbringen kann.

Das Geheimnis der ROSENDÜFTE

Schlechte Stimmung, reizbar, antriebsarm? Eine Nase voll Rosenduft kann helfen. Antidepressiv und aphrodisisch wirken die Aromastoffe aus der Rosenblüte. So kommt das seelische Gleichgewicht schneller wieder ins Lot. Aber was ist das eigentlich, was die Nase dabei umschmeichelt? Und warum schnuppert man an manchen Blüten vergeblich? Rosen und Duft gehören doch zusammen, zumindest in unserer Vorstellung.

Die Genstruktur des Menschen ist entschlüsselt, das Geheimnis des Rosenduftes noch nicht. Rund 200 verschiedene Substanzen vermuten Chemiker in dem flüchtigen Hauch. Nüchtern betrachtet sind es Alkohole und Terpene. Aber schon die Bezeichnungen Rhodinol, Zitronellol, Geraniol klingen verheißungsvoll. Als ätherisches Öl ruhen sie in den Blütenblättern in winzigen Drüsen. In der Nähe des Fruchtknotens findet man sie besonders konzentriert. Denn dorthin, in die Tiefe der Blüte, sollen die Insekten vom Duft gelockt werden, damit sie die Bestäubung vollziehen. Je mehr die Blüten sich öffnen, um die goldgelben Staubgefäße freizugeben, desto intensiver wird der Duft. Besonders stark entwickelt er sich bei Wärme und hoher Luftfeuchtigkeit.

Aber eigentlich ist es Unsinn, von „dem“ Rosenduft zu sprechen. Jede Rosensorte hat ihren speziellen Duft, der sich aus immer wieder anderen Komponenten zusammensetzt. So beschreibt der englische Rosenzüchter David Austin den Duft seiner Sorte ‘Golden Celebration’ als „wundervolle Kombination von Dessertwein und Erdbeeren“. Bei ‘Heritage’ lässt sich ein Duft erschnuppern, „bei dem Früchte, Honig und Nelken dominieren“ und ‘Cottage Rose’ verströmt den „feinen Duft Alter Rosen mit einer Andeutung von Mandeln und Flieder“.

Der französische Rosenzüchter Meilland unterteilt seine Duftrosen in Abstimmung mit den Parfumeuren aus der Dufthochburg Grasse in vier Gruppen:

in die fruchtigen Duftnoten wie bei ‘Elle’, die nach Limonen und Pfirsich duftet,

in die gewürzartigen wie bei 'Paul Ricard', den – wie könnte es anders sein –, ein kräftiger Anisduft umweht,
in die schweren Düfte, mit denen die Nachkommen der alten Damaszenerrosen sich umgeben, 'Duftfestival' gehört dazu, und
in die frischen Düfte nach Farn, Moos oder frischem Waldboden, mit dem 'Queen Elizabeth' beglückt.

Aber natürlich scheren sich viele Rosensorten überhaupt nicht um diese Einteilung. 'The McCartney Rose' beispielsweise, einer der Duftstars aus dem Hause Meilland, vereint den schweren Duft Alter Rosen mit frischer Zitronennote und repräsentiert mühelos gleich zwei der Duftgruppen.

Edel und zugleich anspruchsvoll sind Duftrosen, so die unausgesprochene Erwartung der meisten Menschen. Aber weit gefehlt. Unter den besonders robusten, frostharten, pflegeleichten und gesunden Rosen gibt es Sorten mit betörenden Düften. *Rosa rugosa*, die Kartoffel-Rose, in Norddeutschland als unerschrockene Straßen-

begleiterin bekannt, ist die Stammmutter der köstlichen Dufter. 'Rotes Meer' beispielsweise, eine anspruchslose rote Kleinstrauchrose, erntet fünf Sterne nach der von Rosenprofessor Dr. Josef Sieber entwickelten Duftstärken-Klassifizierung. In Worte übertragen bedeutet das „überragend“. ‘Foxi’, ‘Rote Apart’ und andere mehr erhalten vier Sterne, was sehr intensiven Duft bedeutet. Den kräftigen, leicht runzligen Blättern sieht man die Robustheit an. Die Blüten sind meist nur halbgefüllt und von natürlichem Charme. Hummeln und Bienen fühlen sich davon unwiderstehlich angezogen. Das Ergebnis sind kräftige, rote Hagebutten im Herbst.

Wenn schon so einfache Rosen unwiderstehlich duften, warum duften dann viele edle Sorten nicht? Im Laufe der Jahrzehnte durch den langen Züchtungsweg verloren gegangen, so lautet die Vermutung vieler. Blättert man in alten Katalogen, wird deutlich, dass auch früher der Anteil duftender Rosen deutlich geringer war als der der nicht duftenden Sorten. Auf rund ein Drittel wird er geschätzt, so wie es auch im Katalog der renommierten Berliner Baumschule Späth aus dem Jahr 1930 der Fall ist. Er führt unter über 400 Rosensorten 114 mit Duft auf, also etwas weniger als ein Drittel.

Heute liegt der Anteil bei etwa einem Viertel. Der Grund sind die intensiven züchterischen Bemühungen um reichblütige, dauerblühende und winterharte Rosen. *Rosa multiflora* und *Rosa chinensis* ‘Semperflorens’ spielten dabei als Kreuzungspartner eine entscheidende Rolle. Mit großem Erfolg, denn heute sind zuverlässig winterharte Rosen, die ausdauernd bis weit in den Herbst hinein blühen, Standard. Leider haben beide Wildrosen von Natur aus keinen Duft. Kein Wunder, dass sie ihren schönen Kindern diese Eigenschaft nicht vererben konnten. Umso mehr wächst jetzt wieder das Interesse an duftenden Rosen, sodass auch deutsche Züchterfirmen wie Tantau und Kordes alles dran setzen, um mit Sorten wie ‘Albrecht Dürer’ oder ‘Postillion’ die Sehnsucht nach Düften zu erfüllen.

Großmutters LIEBLINGSPFLANZEN

Georginen, Balsaminen, duftende Tuberosen und Reseden, wie ein Stück verlorener Gartenromantik klingen die Namen in unseren Ohren. In alten Gartenbüchern entdeckt man die Namen. Sie tauchen in Romanen auf, nur in modernen Katalogen und Gartenzeitschriften sucht man sie vergebens. Wo sind sie hin, die Lieblingspflanzen aus Großmutters Garten? Sind sie aus der Mode gekommen? Haben Krankheiten sie vernichtet? Überraschendes fördert zu Tage, wer sich auf die Suche macht.

Georginen blühen auch heute noch millionenfach in unseren Gärten. Nur kennt man sie jetzt unter anderem Namen. Georgine, das ist die bestens vertraute Dahlie. Für den Namenswandel, der bereits im 19. Jahrhundert vonstatten ging, sind die Prinzipien der botanischen Namensgebung verantwortlich, nach denen der älteste, botanisch korrekte Name gilt. In Madrid, wo die ersten Exemplare der Mexikanerin auf europäischem Boden blühten, benannte der Direktor des Botanischen Gartens Abbé Cavanilles die Pflanze 1791 nach dem schwedischen Botaniker Andreas Dahl. Der Name sei bereits vergeben, glaubte der Berliner Professor Karl Ludwig Wildenow und taufte sie *Georgia variabilis* nach dem russischen Forscher Georgi. Im Volksmund wurde rasch die Georgine daraus. Ende des 19. Jahrhunderts erkannte man den Irrtum und nannte sie wiederum *Dahlia variabilis*. Aber bis dahin war die Georgine bereits in Goethes Tagebuch verewigt, in den Büchern der Marlitt und sie hielt sich auch noch lange in der Alltagssprache.

Botanischen Namenswirrwar gab es zwar auch bei der Gartenbalsamine. Aus *Balsamina hortensis* wurde irgendwann *Impatiens balsamina*. Aber sie ist – zumindest bei uns – tatsächlich weitgehend vom Markt verschwunden. Dabei umgibt sie sich nicht nur, wie der Name nahe legt, mit balsamischem Duft. Die kräftigen einjährigen Pflanzen schmücken sich auch mit herrlich altmodisch wirkenden weißen, gelben, rosa oder purpurnen Blüten. Sogar von Sorten mit dicht gefüllten rosen-, nelken- oder kamelienartig geformten Blüten

berichtete Vilmorins Blumengärtnerei aus dem Jahr 1879. Nur alle Schönheit half ihr nichts. Gegen die Blütenfülle der heutigen Sorten des Fleißigen Lieschen (*Impatiens walleriana*) und des Edellieschen (*Impatiens*-Neuguinea-Gruppe) hatte sie wenig Chancen. Aber die Geschmäcker ändern sich. In britischen und amerikanischen Gärten hat sie durchaus noch ihren Platz und vielleicht wird sie eines Tages auch bei uns wieder zur Modeblume.

Die Immortellen haben diesen Schritt gerade geschafft. Immortellen sind nichts anderes als Strohblumen (*Helichrysum bracteatum*). Getrocknet halten sie bekanntlich jahrelang. Sie sind also „unsterblich". Der französische Name Immortelle verrät es, und da er so viel vornehmer klang, verdrängte er jahrzehntelang den Begriff Strohblume. Gänzlich aus der Mode kam sie nie, denn keine andere Trockenblume bewahrt ihre Gold- und Rottöne so schön wie die Strohblume. Dennoch überrascht ihre aktuelle Karriere, die sich sogar auf Balkonkasten, Kübel und Ampel erstreckt. Kompakt im Wuchs sind die Strohblumen geworden. Hieß es in Dausiens „Taschenatlas der Sommerblumen" von 1976 noch: „Sie wird bei schlankem, aufrechtem, baumartig verzweigtem Wuchs bis 100 cm hoch", so wachsen heutige Sorten reich verzweigt und buschig kompakt mit 30 bis 40 cm Höhe. Wie es sich für eine erfolgreiche Sommerblume gehört, schmückt sie sich bis weit in den Herbst mit reichem Flor in leuchtendem Gelb, Orange, Zinnoberrot, Purpur, Rosa oder Weiß.

Eigentlich bedeutet der lateinische Begriff *tuberosus* nichts anderes als knollig und Knollenpflanzen gibt es viele. Aber wer früher von Tuberose sprach, meinte *Polianthes tuberosa*. Kaum eine andere vermag so betörend zu duften. Vor allem in den Abend- und Nachtstunden, wenn die wachsweißen Blüten in der Dunkelheit schimmern, geht sie verschwenderisch mit ihm um. Als Schnittblume wie als Sommertopfpflanze war sie früher gleichermaßen begehrt.

Warum sie heute fast verschwunden ist, gibt Rätsel auf. Denn die Nachthyazinthe, wie sie auch genannt wird, wächst mit riemenförmigen Blättern und 50 bis 60 cm hohen Blütenständen zur ansehnlichen Kübelpflanze heran. Die Blüten öffnen sich genau rechtzeitig, um warme Sommernächte zu durchduften. Hoffnung macht, dass die Sorte 'The Pearl' unter den 500 Arten auftaucht, die ein Kompendium des Internationalen Blumenzwiebelzentrums Hillegom aus dem Jahr 2002 beschreibt. Vielleicht erlebt ja auch die Tuberose jetzt eine Renaissance.

Das Verschwinden der Garten-Reseda (*Reseda odorata*) ist dagegen rasch erklärt. Ihre Blüten wirken relativ unscheinbar, so wie auch die nicht duftende wilde Färber-Reseda (*Reseda luteola*) am Wegesrand von den meisten Menschen übersehen wird. Zwar sitzen die grünen oder goldgelben Blüten in langen, dichten Trauben zusammen, dennoch können sie mit den Farben von Gazanien, Zier-Tabak oder Salvien nicht konkurrieren. Frühere Generationen, die nicht so auf die Optik fixiert waren wie die Menschen des Fernseh-Zeitalters, pflanzten die duftende Resede gern in die Gärten. Welche Intensität sie besitzt, lässt sich erahnen, wenn man weiß, dass die Ägypter getrocknete Resedenbüschel zu den Mumien ins Grab legten. Von Bemühungen, die Reseda gegenüber blütenstarken Arten konkurrenzfähig zu machen, sprechen Sortenbeschreibungen in Dausiens Sommerblumen-Altlas. 'Ameliorata' wird als rosa und großblumig beschrieben. 'Goliath' macht mit dunkelroten Staubblättern auf sich aufmerksam, 'Machet' mit hellroten. Genützt hat es ihnen nichts. Reseda ist aus den Gärten verschwunden. Nur in Nischen wie dem Klostergarten der Sababurg betört ihr Geruch noch immer die Nase.

LAVENDEL

Uralt und hochaktuell

Von *lavare*, dem lateinischen Wort für Waschen, leitet sich der Name Lavendel ab. Schon die Römer liebten den herbsüßen Duft als Zusatz zum Badewasser. Zwar reinigt Lavendel selbst nicht. Aber er umgibt mit einem Geruch von Klarheit und Frische. Die Römer waren es auch, die den Lavendel mit nach Germanien brachten. Denn heimisch ist der Echte Lavendel (*Lavandula angustifolia*) nicht bei uns, sondern im Mittelmeerraum. Allerdings ist das aromatische Sträuchlein zuverlässig winterhart und so fasste es schon bald als Herz- und Kreislaufmittel in den Kloster- und Bauerngärten Fuß. Denn das Lavendelöl hat die Eigenschaft gleichzeitig zu beruhigen und anzuregen. Nervenkraut lautet daher ein volkstümlicher Name der Pflanze. Wer die Wirkung ausprobieren möchte, lasse das Badewasser für das Entspannungsbad über ein Lavendelsäckchen in die Wanne fließen oder füge ein paar Tropfen Lavendelöl hinzu.

Der Duft, der anschließend den Körper einhüllt, wirkt erstaunlich herb. Aus 300 flüchtigen Inhaltsstoffen setzt er sich zusammen, wenn er aus den frischen, nicht ganz geöffneten Blütenständen destilliert wird. Mit dieser Nuancenfülle ist er nicht nur Bestandteil von Duftwässern, die alte Damen in der Handtasche mit sich tragen. Auch in moderne Parfums mischt sich das Aroma und sogar viele Herrendüfte beziehen ihre Frische aus der violetten Blüte.

Wer Duftwässern und Parfums wenig zugeneigt ist, greift dennoch gern zum Lavendel, wenn es um den Wäscheschrank geht. Lavendelsäckchen, -duftkissen und -gebinde, zwischen die Wäsche gelegt, helfen sicher Motten und Pelzkäfer zu vertreiben. Auch das lästige Sirren der Mücken erklingt seltener, wenn ihnen Lavendel-Aroma aus Potpourris oder Duftlampen entgegen strömt.

Probieren sollte man schließlich auch den Geschmack des Lavendels. Als Klassiker gehört er zu den Kräutern der Provence und verleiht Lammbraten und Geflügel die typische Note des sonnigen Südens. Apfelgelee wird mit Lavendelblüten aufgekocht zum ungewohnten Geschmackserlebnis. Und aus England stammt das Rezept

für Lavendelzucker, der das Aroma für Süßspeisen und Kuchen konserviert, wenn drei Teile feiner Zucker mit einem Teil Lavendel gründlich gemischt und fest verschlossen aufbewahrt werden.

Das intensivste Aroma besitzen die Blütenstände kurz vor der Entfaltung. Für die Parfumherstellung werden sie exakt zu diesem Zeitpunkt geschnitten und vorsichtig getrocknet. Im Garten darf man sich mit der Ernte für den Wäscheschrank ruhig ein wenig Zeit lassen. Denn auch nach der Blüte duften Ähren und Blättchen. Und wer wollte sich schon des Vergnügens an dem violettblauen Blütenmeer berauben, das sich so schön mit den Farben der Rosen verbindet.

Die Sorte 'Hidcote Blue' liefert bereits Ende Juni dunkles Violett. 'Dwarf Blue' kommt in hellerem Violett daher. 'Munstead' schmückt sich ähnlich wie die starkwüchsige und spät blühende 'Grappenhall' in klassisches Lavendelblau. Mit 'Rosea' und 'Alba' lässt sich das Farbenspektrum sogar um Rosa und Weiß ergänzen.

Als echte Kinder des Mittelmeerraumes wollen Lavendelsträucher natürlich so warm und sonnig wie möglich stehen. Trockenheit wird gut vertragen, aber auch mit frischen Böden kommen die graugrün-laubigen Sträucher zurecht. Nur Nässe mögen sie nicht. Der Boden sollte durchlässig, nährstoffreich und kalkhaltig sein. Wichtig ist regelmäßiger Rückschnitt. Er hält die Pflanzen nicht nur kompakt, sondern erhöht auch ihre Widerstandsfähigkeit. So wurde beobachtet, dass zurückgeschnittene Lavendel auf dem Extremstandort Dach Frostperioden gut überstehen, während nicht geschnittene Exemplare Frostschäden zeigen.

So robust der Echte Lavendel (*Lavandula angustifolia*) gegenüber Frost ist, so empfindlich reagieren seine nicht weniger reizvollen und ebenfalls duftenden Verwandten. Sie sollte man mobil in Töpfen und Kübeln halten, damit man sie im Winter an einen frostfreien Platz stellen kann. Am häufigsten angeboten wird der Schopf-Lavendel (*Lavandula stoechas*). Seine kurzen, dicken Blütenähren werden von einem auffälligen Schopf aus kräftig lila Scheinblüten gekrönt. In Spanien und Portugal findet man den Strauch häufig wild wachsend.

Zahn-Lavendel (*Lavandula dentata*) hat seinen Namen von den typischen gezähnten Blättchen erhalten. Ungeschnitten wächst er zu einem 1 m hohen Halbstrauch heran, der sich mit purpurvioletten Blütenähren schmückt. Kanarenfreunden wird eine weitere Lavendelart bekannt sein: *Lavandula pinnata* wächst häufig auf Flächen, die mit einiger Regelmäßigkeit von der Nebelfeuchte profitieren. Typisch für ihn ist die dachziegelartige Anordnung der Blüten auf den Ähren. Als Urlaubserinnerung mitgebracht oder – seltener – im heimischen Gartencenter entdeckt, eignet auch er sich als hübsche Kübelpflanze für die sonnige Terrasse.

Eingesponnen ins Grün LAUBEN *und lauschige Gartenecken*

Am Ende der Blumenterrasse ist ein Gartenhaus, in das ich verliebt, wahrhaft verliebt bin. Ich habe es selbst gebaut." Plinius der Jüngere schreibt dieses Bekenntnis zu seinem Gartenhaus 100 Jahre nach Christi. Ähnlich schwärmt Annette von Droste-Hülshoff 1843 über ihr Gartenhäuschen: „Es ist ein einsamer Fleck Erde, sehr reizend und sehr großartig. Ich sitze nur bei rauher Luft im Rebhäuschen, sonst davor unter einer großen Trauerweide, ganz versteckt durch die Reben, mit denen der Abhang bis in Tal besetzt ist."

Gärten und Gartenhäuschen, das ist eine Jahrhunderte währende Symbiose. Sie schließt die zierlichen Pavillons früher orientalischer Gärten genauso ein wie die einfachen Lusthäuschen des Mittelalter, die prächtigen Eremitagen, Trianons, und Teehäuschen des 17. und 18. Jahrhunderts oder die Sonnenlaube der Reformbewegung, die im Zeitalter der Industrialisierung den Menschen Ruhe, Licht und Luft bringen sollte.

Vermutlich liegt der Ursprung der Gartenlaube in dem Wunsch nach einem wettergeschützten Platz, an dem man während der anstrengenden Gartenarbeit pausieren kann. Einige Bretter, der Schutz von ein paar Zweigen reichten aus. Schon bald aber wird man die Ruhe und Abgeschiedenheit dieses Plätzchens, den Blick über den Garten in seiner Schönheit auch sonst genossen haben. Abends, wenn das Tagewerk vollbracht war, an Sonntagen, wenn man sich ein wenig Ruhe gönnen durfte. Je intensiver die Nutzung wurde, desto stärker wuchs das Bedürfnis nach ein bisschen Bequemlichkeit. Einfache Häuschen entstanden und bald gehörten Tisch und Sitzgelegenheiten zum selbstverständlichen Inventar.

Mit der Familie traf man sich in diesem grünen Refugium. Auch die engsten Freunden waren zugelassen. Nicht aber die hektische Welt mit ihrem Getriebe, ihren Anforderungen, ihren Zwängen. Das Hofzeremoniell hatte im Petit Trianon der Madame de Maintenon

genauso wenig Platz wie die strenge Etikette in Goethes Gartenhaus. So schuf man sich eine Nische, in der man sich selbst gehörte. Mit besonderer Perfektion betrieb die Zeit der Spätromantik die Flucht in die Gartenidylle. Nicht nur in Büchern, Bildern und Theaterstücken dieser Zeit spielt die Gartenlaube eine besondere Rolle. Ihr wurde mit der Zeitschrift „Die Gartenlaube“ ein Denkmal gesetzt. Die Unruhen der Märzrevolution, der industriellen Umbruch, die Verarmung der Bevölkerung das alles verstörte und bedrückte die rechtschaffenen Bürger. Dagegen bot der Platz in der Gartenlaube Harmonie, Ruhe und Abgeschiedenheit. Hier war die Welt überschaubar und in Ordnung, genauso wie es die belehrenden und leicht sentimentalen Geschichten in der gleichnamigen Zeitschrift vorgaukelten.

Ein bisschen von dieser langen Entwicklungsgeschichte spiegelt sich auch in den heutigen Lauben und Gartenhäuschen wider. Schlichte Bretterhütten gibt es genauso wie verspielte Pavillons mit einem Hauch von Barock oder Biedermeier. Beim Eigenbau darf sich

Kreativität in Eigenkonstruktionen entfalten oder zumindest handwerkliches Geschick beim Aufstellen eines Häuschens aus dem Bausatz. Charmant wirken Pavillons, wenn sie nach historischem Vorbild mit Schnitzwerk und Säulen, geschwungenem Dach und Gitterwerk gebaut sind. Sachlich-funktional gibt sich die Laube mit Pultdach, die in vielen Kleingartenkolonien Standard ist. Für Sparsamkeit oder kreatives Chaos stehen Hütten aus alten Türen, Platten und Fenstern vom Sperrmüll.

Aber auch alle Übergänge zwischen Gebautem und Gewachsenem sind möglich. Perfekte Häuschen bieten hinter festen Wänden Raum zum sommerlichen Wohnen und Schutz für Gartengerät und Liegestuhl. Große Fenster oder eine Front, die sich weit öffnen lässt, sind dann ein absolutes Muss, damit der Garten erlebbar bleibt. Meist lehnen sich diese Lauben Platz sparend mit viereckigem Grundriss direkt an die Gartengrenze an.

Andere bestehen nur aus Dach und verzierten Stützen, an denen Rosen und Clematis ranken können. Sechs- oder achteckige Grundrisse sind bei ihnen häufig. Wie in historischen Anlagen übernehmen sie auch in heutigen Gärten vielfach die Funktion des zentralen Blickpunkts, auf den die Wege zulaufen.

Noch stärker auf Pflanzen setzen Lauben aus Geißblatt, Pfeifenwinde, Wein oder Kiwi (*Actinidia deliciosa*). Stabile Rankgitter bilden ihr Gerüst, das schon nach kurzer Zeit unter dem dichten Blättergeflecht verschwindet. Unter ihnen sitzt man mitten im Grünen, geschützt vor Sonne und fremdem Einblick. Auch ein leichter Sommerregen durchdringt das Blätterdach nicht. Wer wenig Raum im Garten hat, schafft mit so einer Pflanzenlaube eine lauschige Ecke, in der gerade eine Bank Platz hat.

Als ideal für beengte Gartenverhältnisse erweisen sich Lauben auf dreieckiger Grundfläche. Sie lassen sich Platz und Material sparend unmittelbar an der Gartengrenze errichten. Zum Garten hin bilden sie einen offenen Winkel, der den Eindruck von Großzügigkeit vermittelt. Von dort schweift der Blick, sonst an rechte Winkel gewöhnt, diagonal über den Garten hinweg. Dieser Perspektivwechsel verleiht kleinen Gartenräumen überraschende Tiefe.

Von STOCKROSEN *und Marshmallow-Blumen*

Stockrose, Eibisch, Moschusmalve, Bechermalve, Rosenpappel, Sommermalve, lang ist die Liste der Malvengewächse, die in Haus und Garten, Küche und Apotheke eine Rolle spielen. Heute steht die schlichte Schönheit der fünfblättrigen Blüten im Vordergrund. Frühere Zeiten setzten mehr auf ihre Inhaltsstoffe.

Schon in graue Vorzeit reichen die Beziehungen zwischen Menschen und Malven zurück. Das „Kosmos-Kräuterbuch" bezeichnet sie als Kulturfolger seit der Jungsteinzeit. Aber so ganz richtig ist das vermutlich nicht. Nicht die Malve wird den Menschen gefolgt sein, sie wurde zweifellos mitgenommen. Zu wichtig war den Menschen der damaligen Zeit die Blume mit den rosa Blütenblättern. Entzündungshemmend, schleimhautschützend, augenheilend wirken die Schleimstoffe, die fast alle Vertreter der Malvengewächse besitzen. Den frühen Heilkundigen war sie ein wahrer Schatz. Herba omni morbium, die „alle Krankheiten Heilende" nannte man sie, und Karl der Große befahl den Anbau von *Althaea officinalis*, dem Echten Eibisch, in seiner Landgüterordnung „Capitulare de villis et curtis imperialibus". Sogar gestörte menschliche Beziehungen ließen sich mit Hilfe von Malven kitten, denn wer ihre Blätter überreichte, bat um Vergebung.

Aber nicht nur als Medizin oder erfrischender Malventee machte der Eibisch Karriere. Im englischsprachigen Raum verarbeitete man seine stärkehaltigen Wurzeln zu einer Süßigkeit. Marsh Mallow nennt man die Pflanze dort und übertrug den Namen auf die süße Masse, die heute so manchen Kindergeburtstag krönt. Ob allerdings die im Supermarkt angebotenen Marshmallows wirklich noch Eibischwurzeln enthalten, wissen die Hersteller allein.

In den heutigen Gärten findet man den Echten Eibisch selten. Dabei entwickelt er sich zu einer eindrucksvollen, vieltriebigen Pflanze, die 200 cm Höhe erreichen kann und eine Fülle von großen rosa Blüten trägt. Mehrere Jahre kann man sich an ihm erfreuen, denn *Althaea officinalis* gehört zu den Stauden, den mehrjährigen Gewächsen.

Die Stockrose (*Alcea rosea*) ist dagegen kurzlebiger. Als zweijährige Pflanze bildet sie im ersten Jahr einen Blattschopf und schiebt im nächsten ihren prächtigen Blütenstiel. Ihr Anblick gehört zum Bild des Bauerngartens dazu. Aber auch in moderne Gärten zieht die Stockrose wieder häufiger ein. Vor der Hauswand oder am Zaun, an den sie sich auch optisch anlehnen kann, kommen die großen Blüten in schneeigem Weiß oder schwärzlichem Violett, zartem Gelb bis zu knalligem Rot am besten zur Geltung. Nur richtige Blautöne gibt es nicht. Gegen Ende der Blütezeit stirbt die Pflanze ab, nicht ohne für reichlich Nachwuchs gesorgt zu haben. Lässt man die Sämlinge wachsen, leuchten im Jahr darauf wieder die Blütenrädchen über den Zaun.

Wem Stockrose und Eibisch zu mächtig werden, der findet in den anderen Malvenvertretern die richtige Alternative. Gut 100 cm hoch wird zum Beispiel die Bechermalve (*Lavatera trimestris*), vorwiegend als rosa oder weiße Schnittblume bekannt. Die Sommermalve oder Trichtermalve (*Malope trifida*) sieht ihr recht ähnlich, erreicht aber sogar nur 60 bis 90 cm. Beide Einjahrsblumen wachsen rasch und entwickeln sich zu hübschen Blütenbüschen.

Artenreiche Wiesenmischungen enthalten oft die einjährige Weg-Malve (*Malva neglecta*). Draußen in der Natur ist sie selten geworden. Dabei war der freundlich blühende Busch früher weit verbreitet. Noch heute nennt man ihn in vielen Regionen Käsepappel, nicht weil er mit dem Pappelbaum verwandt wäre. Von Pampe, Brei, Mus leitet sich der Name ab. Der essbare, käseartige Blütenboden lässt sich zu nahrhaftem Brei verarbeiten und hatte in früheren Jahrhunderten als Nahrungsmittel Bedeutung. Seit Kartoffeln und Getreide problemlos den täglichen Kalorienbedarf stillen, naschen höchstens noch Kinder vom Blütenboden der Käsepappeln.

Im Namen Rosenpappel für *Malva alcea* schwingt die gleiche Bedeutung noch mit. Auch diese bis zu 100 cm hohe, stattliche rosa Staude gehört zu den heimischen Pflanzen. Sie fühlt sich auf sonnigtrockenen Plätzen wohl. Zierlicher wächst die Moschus-Malve (*Malva moschata*), die ein zarter Moschusduft umweht. Rund 60 cm wird sie hoch und wirkt in klarem Weiß der Sorte 'Alba' genauso schön wie im duftigen Rosa der Art selbst. Zwar ist sie wie alle Malven recht anspruchslos, dennoch sind ihr leicht saure Böden am liebsten. Das ist bei der Wilden Malve (*Malva sylvestris*) völlig anders. Sie fühlt sich auf kalkhaltigen Böden am wohlsten.

Mit all diesen Arten ist das Kapitel der Malvengewächse für den Garten noch längst nicht ausgeschöpft. Auch der beliebte Topf-Hibiskus gehört in diese Gruppe und der weniger bekannte Garten- oder Strauch-Hibiskus. Kaum gehoben sind die Pflanzenschätze der amerikanischen Präriemalve (*Sidalcea*) und der Kugelmalve (*Sphaeralcea*) oder der *Kitaibela* vom Balkan. Viel Potenzial also, damit die Beziehungen zwischen Menschen und Malven eng bleiben.

SALBEI *Viel mehr als ein Küchenkraut*

Der Name sagt alles: *Salvia* – im deutschen Sprachgebrauch wurde Salbei daraus – leitet sich von *salvare*, dem lateinischen Wort für heilen ab. Salbei war im alten Rom und bis ins Mittelalter hinein das Heilkraut schlechthin. Es sollte gegen Rheuma und Migräne, Zahnfleischentzündung und Depression helfen, Fieber senken und Erkältungen lindern. „Warum soll der Mensch sterben, wenn doch Salbei im Garten wächst?" lautete folgerichtig ein römisches Sprichwort. Und bei uns hieß es: „Wer ewig leben will, der esse Salbei im Mai". Heute hat die Chemie die Wertschätzung des Salbeis als Heilkraut gedämpft. Dafür steigt sein Stern mit dem wachsenden Interesse an der mediterranen Küche, der er beispielsweise mit Salbeimäuschen, Saltimbocca und als Bestandteil der Kräuter der Provence seinen Stempel aufdrückt. Gleichzeitig rückt er als Gartenpflanze stark ins Blickfeld.

Rund 800 Salbei-Arten gibt es weltweit. Nicht viel mehr als zwei Hand voll davon werden als Gartenpflanze verwendet. Aber schon dieser kleine Ausschnitt umfasst Arten und Sorten für den Balkonkasten oder das Staudenbeet, eindrucksvolle Kübelpflanzen, zarte Wiesenpflanzen und leuchtende Sommerblumen. Allein die Sorten von *Salvia officinalis*, dem Echten Salbei, sind bereits eine wahre Fundgrube. Als habe sie Sonnenflecken eingefangen, wirkt die Sorte 'Icterina'. Die Blätter von 'Purpurascens' zeigen einen lebhaften violetten Schimmer, je jünger die Blätter sind, desto kräftiger. Die etwas empfindlichere 'Tricolor' kombiniert den rosa Schimmer der Blätter noch mit einem frischen weißen Rand.

Als Strukturpflanzen machen sich diese Stauden zusammen mit passenden Sommerblumen im Balkonkasten gut. Oder man pflanzt sie als Solitär oder kombiniert mit anderen Pflanzen in einem schönen Kübel. So passt zum Beispiel gelbblättriger Thymian 'Golden Thyme' hervorragend zur Sorte 'Icterina' und 'Purpurascens' fügt sich vorzüglich in herbstliche Kästen mit *Calluna*, Alpenveilchen oder purpurroten Chrysanthemen ein. Und die Küche hat auch etwas davon, denn die Sorten besitzen nicht weniger Aroma als die reine Art. Man muss nur behutsam zupfen, dann fällt es gar nicht auf, wenn ein paar Blättchen fehlen. Derart frisch gepflückter Salbei schmeckt sanfter als getrockneter. Vorsichtig in Fett gegart, entfaltet er sein würziges Aroma am besten.

Ähnliche Aromen, wenn auch nicht ganz so konzentriert wie beim Echten Salbei, bietet der heimische Wiesen-Walbei (*Salvia pratensis*). Entdeckt man seine violettblauen Blumen in einer Wiese, kann man sicher sein, dass der Standort mager, kalkhaltig und relativ warm ist. Wer ihn im Garten als Bestandteil einer Wiesenmischung oder in der Wildstaudenpflanzung ansiedeln möchte, muss ihm vergleichbare Bedingungen bieten.

Staudenfreunde haben meist *Salvia nemorosa* vor Augen, wenn von Staudensalvien die Rede ist. 'Mainacht', 'Ostfriesland', 'Blauhügel' sind beliebte Sorten, die einen Gegenpol zu den vielen Gelb-Orange-Tönen im sommerlichen Staudenbeet setzen. Unglaubliche Leuchtkraft bietet etwa die Kombination von Staudensalvien mit goldgelber Schafgarbe (*Achillea filipendulina* oder *A. clypeolata*). Am geeigneten Standort – nährstoffreiche, frische, durchlässige Böden in voller Sonne – blühen die Scheinähren der *Salvia-nemorosa*-Sorten von Juni bis August. Dann schneidet man zurück, und im Herbst folgt ein zweiter Flor.

Bescheidet sich *Salvia nemorosa* mit 60 bis 80 cm, so erreicht der Muskateller-Salbei (*Salvia sclarea*) locker 130 cm und mehr. Mit 25 bis 30 cm langen Blättern und dem stattlichen rosa, violett oder weißen Blütenstand gehört er zu den beeindruckenden Gartengestalten.

Dabei geht die Farbwirkung nicht nur von den Blüten aus, auch die kräftigen gleichfarbigen Hochblätter sorgen für Fernwirkung. Ein frisch zitrusartiger Geruch umweht die ganze Pflanze, je wärmer und sonniger sie steht, desto intensiver. Früher verwendete man ihr Aroma zum Würzen von Bier und Wein. Langlebig ist der Muskateller-Salbei nicht. Oft benimmt er sich sogar wie eine zweijährige Pflanze: bildet im ersten Jahr einen kräftigen Blattschopf und im zweiten Jahr die Blüte, um dann zu sterben. Er sät sich aber eifrig aus, an Nachkommen mangelt es normalerweise nicht.

Die einjährigen Feuer-Salvien (*Salvia splendens*) hat wohl jeder schon mal gesehen. Flächig gepflanzt entwickelt ihr Glutrot eine unübertroffene Leuchtkraft. Es gibt den Feuer-Salbei aber auch dezenter: cremeweiß, lachsfarben oder in apartem Dunkelviolett, das sich gut mit dunkellaubigen Sommerblumen verbindet. Neu sind zweifarbige Sorten wie 'Laser Scharlach Bicolor' und 'Salsa Scarlet Bicolor', bei denen die Blüte Rosaweiß aus der roten Hülle hervorschaut.

Als Kübelpflanzen für den Sommer machen Mehliger Salbei (*Salvia farinacea*) und Schopf-Salbei (*Salvia viridis*, früher *S. horminum*) zurzeit auf sich aufmerksam. Wie mit Mehl bepudert wirken die Blütenstiele des Mehligen Salbeis, lebhaft blau heben sich die Blütchen davon ab. Besonders intensiv ist der Kontrast bei der Sorte 'Strata'. Beim Schopf-Salbei geht die Wirkung von den Hochblättern, dem Schopf, aus. Sein Violett, Rosa oder Weiß fängt noch die Blicke, wenn die Blüten selbst lange abgefallen sind. Dank dieser Eigenschaft wird er gern als Schnittblume in sommerliche Sträuße eingebunden. Meist nur von Kennern werden *Salvia patens* und *Salvia coccinea* gepflanzt. Klarblau, ohne jeden Anflug von Violett, leuchtet die erste, scharlachrot die zweite. Beide Einjährigen bilden lockere und elegante Blütenstände und lassen sich in Staudenpflanzungen wie in Sommerblumenbeete gleichermaßen gut integrieren.

Intensive Düfte gehen vom Ananas-Salbei (*Salvia elegans*) aus, einem nicht winterharten Salbei, der im Kübel bis 150 cm hoch wird. Reibt man die frischgrünen, behaarten Blätter, wird man eingehüllt vom fruchtigen Geruch. Im Herbst, wenn alles andere sich auf die Winterruhe vorbereitet, stehen bei ihm die lockeren Blütenstände knallrot über den Triebspitzen. Kommt der Winter früh, wird man die Pracht beim Einräumen meist vorzeitig abschneiden müssen. Im Wintergarten allerdings kann er weiter blühen und duften.

Wer keinen Wert auf den Duft legt, findet in *Salvia heerii* eine sommerblühende Alternative mit etwas sanfter roten Blüten. Die nur 35 cm hohe *Salvia chamaedryoides* mit blauen Blüten, die fast schwarzblütige *Salvia discolor* oder die schöne orange blühende *Salvia greggii* sind weitere reizvolle Kübelpflanzen, die man ausprobieren sollte, sofern man Exemplare davon bekommt.

GEMÜSE

Wie Blumen so schön

Welch ein Farbenspiel bieten sommerliche Gemüse: glänzend violette Auberginen, das knallige Rot der Tomaten, das wächserne Gelb der Bohnen, Salat in allen Schattierungen von Hell- und Dunkelgrün, rötlich, bräunlich, gelblich. Die Blätter, Früchte und Blüten besitzen eine eigene Schönheit, mit der sie immer häufiger ins Blumenbeet einziehen.

Warum auch nicht? Die Trennung in Zierpflanzen und Gemüse ist ja durchaus willkürlich. Unter den Gemüsepflanzen finden sich genauso viele optisch schöne Arten und Sorten wie unter den Zierpflanzen Exemplare, die Zunge und Gaumen erfreuen. Malve, Ringelblume oder Taglilie beispielsweise können sich problemlos auf dem Speisezettel wieder finden.

Im traditionellen Bauerngarten gibt es die Trennung in Ziergarten und Gemüsegarten nicht. Unmittelbar neben den Gemüsereihen blüht es in bunten Farben. Dort profitieren Lilien, Pfingstrosen und Dahlien vom Lockern der Beete und von den Mistgaben, die den heranwachsenden Nahrungsmitteln zugedacht sind.

Die gleichen Bilder tauchen nun auch in den Haus- und Kleingärten auf. Ja sogar auf Balkon und Terrasse sprießen Blumen und zierendes Gemüse in bunter Mischung durcheinander. Eine wichtige Rolle spielen dabei die Kohlarten, die man ruhig als Charakterköpfe des Gartens bezeichnen kann. Allein die verschiedenen Blumenkohl-Sorten bieten schon eine erstaunliche Palette. In spektakulärem Rotviolett leuchten die Köpfe der neuen Blumenkohlsorte 'Grafitti'. Gelborange setzt 'Orange Bouquet' daneben. Wie von einer Computer-Grafik entworfen zeigt 'Celio', ein Romanesco-Typ, gedrehte, pyramidenförmige Spitzen in frischem Hellgrün. Ebenfalls in Frischgrün aber in gewöhnlicher Blumenkohlform präsentieren sich 'Panther' und 'Trevi'. Unübersehbar ist die Zahl der weißen Sorten, zu denen zum Beispiel 'Freedom' und 'Mexiko' zählen.

Als Solitär im Kübel oder als Mittelpunkt des Blumenbeetes macht der Palmkohl 'Nero di Toscana' eine gute Figur. Seine palm-

wedelartigen, runzligen Blätter sind fein silbergrau bis graugrün bereift. Wie ein ruhender Pol steht die kräftige Rosette, die sich während des Wachstums immer mehr streckt, neben und zwischen bunten Blüten. Rötlich violett blühende Partner sollte der Grünkohl 'Red Bor' mit seinem purpurgrünen Laub bekommen. Das könnten Dahlien und Kosmeen sein oder Salvien und Zinnien. Bis in den Winter hinein erfreut der winterharte Kohl. Sogar essen darf man von ihm genauso wie vom Palmkohl.

Ein weiterer Star unter den bunten Gartengemüsen ist der Mangold. In knalligem Rot, Orange, Gelb oder Weiß leuchten seine Blattadern und Stängel, die mit dem Wachstum immer breiter werden. 'Vulkan' und 'Bright Lights' sind die treffenden Sortennamen der Bunten. Die richtige Farbe für das Ton-in-Ton-Beet gewählt, schafft überraschende Wirkung.

Tomaten finden noch auf dem kleinsten Balkon Platz. Die Kirschtomätchen von 'Micro Tom' leuchten knallrot, die von 'Yellow Canary' zeigen warmes Gelb. Rankende Kapuzinerkresse daneben gesetzt, spielt mit den gleichen Farbtönen und liefert – ihrem Zierimage zum Trotz – aromatisch scharfe Blätter. Wer sonnig-heiße Plätze zu bieten hat, kann auch rote und gelbe Paprika leuchten lassen. Die Sorte 'Medusa' eignet sich optimal für Töpfe und Gefäße, schmeckt mild und reckt spitze Schoten zum Medusenhaupt empor. 'Habanera' überzeugt mit sonnigem Gelb voll aromatischer Schärfe, 'Toscana' reift leuchtendrot und mild heran.

Eine Fülle an Farben und Formen halten die vielen Salatsorten bereit. Purpur, Rot, Rotgrün, Gelbgrün, Dunkelgrün bietet sich in Form von Lollo-Typen, gekrausten, Eichblatt- oder glatten Köpfen an oder in der strengen Form der Romana-Salate. Die gleiche Farbpalette zeigen Pflück- und Schnittsalate, die sich auch gut für Töpfe und Balkonkästen eignen. Eine Alternative sind Asia-Salate, zu denen die Schwarznessel (*Perilla frutescens*) mit ihrem prächtigen violettschwarzen Laub gehört. Atemberaubend wirkt die Farbe, werden beispielsweise kräftig rosa Trichtermalven (*Malope trifida*) daneben gesetzt, leuchtend rote Lobelien oder zarter rosa Elfenspiegel (*Nemesia strumosa*).

Wo Platz für Schlinger ist, können Stangen- oder Feuer-Bohnen mit ins Farbenspiel einstimmen. Knallrot sind die Feuer-Bohnenblüten, köstlich die Bohnen. Die Stangen-Bohne 'Blauhilde' entwickelt aus rosa Blüten auffällig blauschwarze Bohnen. 'Goldhilde' und 'Golddukat' lassen gelbe Bohnen leuchten, 'Selma Zebra' bunt marmorierte. Wer Lust am Spiel mit den bunten Gemüsen gewonnen hat, wird rasch noch mehr entdecken, wie den lilablättrigen Fenchel, die Dicken Bohnen mit ihren spektakulären Blüten, das prächtige Lila der Cardy, jener kleinen Schwester der Artischocke, oder die schönen gelben Zucchini. Das Suchen und Experimentieren lohnt sich.

Blütenteller oder -bälle
Die Renaissance der HORTENSIEN

„Hortensien sollen im Herbst gar nicht beschnitten werden. Die Spitzen der langen fetten Triebe bringen im folgenden Jahr die besten Blumen“, empfahl der „Praktische Ratgeber im Obst- und Gartenbau“ von 1913 seinen Lesern. Dieser Rat gilt bis heute, denn die schöne Garten-Hortensie bildet bereits im Spätsommer ihre Knospenanlagen aus. Unmittelbar nach der Blüte werden die abgeblühten Stiele bis zu den jungen Trieben zurückgeschnitten. Muss man stärker zurückschneiden, weil die Pflanze zu groß geworden ist, fällt der Blütenflor im nächsten Jahr mager aus.

Philibert Commerson aus Burgund entdeckte den Blütenstrauch Ende des 18. Jahrhunderts in China. Warum er seine Neuentdeckung Hortensie nannte, dafür gibt es gleich zwei Erklärungen. Die nüchterne: Die Pflanzen mit den runden Blütenbällen wurden bereits damals in den Gärten Chinas kultiviert. Die Exemplare, die Commerson nach Europa schickte, trugen daher den Vermerk „*hortensis*“, also Gartenpflanze, was die Empfänger zum Namen umdeuteten. Die andere weit romantischere: Auf der Reise nach Ostasien begleitete Commerson ein junger Assistent. Als der Häuptling einer Südsee-Insel diesen entführen wollte, stellte sich heraus, dass der Assistent eine Frau war, nämlich Hortense Lepaute. Nach ihr, so die zweite Erklärung, erhielt die Pflanze ihren Namen.

Welche Erklärung auch immer stimmen mag, in Europa wurde die Hortensie mit großer Begeisterung aufgenommen. Ausschlaggebend dafür waren nicht nur die prächtigen Blüten. Kaum eine andere Zierpflanze kann so viele Rollen spielen wie *Hydrangea macrophylla*, wie sie botanisch heißt. Sie hält es gut auf der Fensterbank aus und ist daher als Zimmerpflanze begehrt. Als Kübelpflanze schmückt sie Balkon und Terrasse und sie kann im kühlen, dunklen Keller überwintern. Aber sie übersteht auch problemlos die kalte Jahreszeit im Freien, sofern sie ausgepflanzt und rechtzeitig abgehärtet wird.

Außerdem ist sie nicht sehr anspruchsvoll und kommt sogar mit etwas schwierigen, schattigen Standorten noch zurecht. Nur pralle Sonne mag sie nicht und sie verlangt reichlich Wasser, um die starke Verdunstung durch die Blatt- und Blütenmasse auszugleichen.

Dank all dieser Eigenschaften wurde sie in der Gründerzeit zur fast allgegenwärtigen Pflanze. Sie schmückte Wintergärten und Veranden, Hinterhöfe und Vorgärten, Stadtplätze und Parks. Aber wie bei allem Alltäglichen begann die Wertschätzung der Hortensie nach dieser Hochphase zu sinken. In den 1950er-Jahren spielte sie noch als Topfpflanze eine Rolle. Vorzugsweise zu Konfirmation und Kommunion wurde sie verschenkt. Dann wurde es still um sie.

Ausgerechnet mit den getrockneten Blütendolden begann Mitte der 1980er-Jahre die Renaissance der Hortensie. Die filigranen Bälle mit ihren etwas morbiden rosa oder bläulich angehauchten Grüntönen schmückten plötzlich Trockensträuße und -kränze, quollen aus

Schalen und Gefäßen. Dann wandte sich das Interesse den Teller-Hortensien zu. Frühere Gärtnergenerationen hatten genau diesen Typ von *Hydrangea macrophylla* als unverkäuflich auf den Kompost geworfen. Nun begeisterte man sich an dem Kranz aus prächtigen sterilen Blüten, der die Scheibe der winzigen fruchtbaren Blüten umschließt. Schneeweiße Randblüten mit zartblauer oder rosa Mitte waren besonders begehrt.

Von den Teller-Hortensien war es nur ein kleiner Schritt zurück zu den Ball-Hortensien. Die Romantikwelle, die den Blick wieder auf große, prächtige Blüten lenkt, ebnete auch den dicken runden Blütenköpfen in Weiß, zartem Rosa oder Hellblau den Weg. Jetzt stehen sie wieder auf den Fensterbänken, schmücken Terrassen und Gärten. Neue Züchtungen zeigen, dass auch kräftigere Töne möglich sind; sogar zweifarbige, fast kreuzförmig gezeichnete Sorten kommen auf den Markt. Von besonderem Charme sind gefüllte Blüten, die mit ihrer grafischen Form ein wenig an winzige Kamelienblüten erinnern. Hübsch ist der Farbwechsel von den im Aufblühen grünweißlichen Blütenzentren zum vollen Farbton der geöffneten Blüten.

Andauernde Freude an den dicken Bällen verspricht die neue Sorte 'Endless Summer'. Sie ist die erste mehrfach blühende Hortensie. Gewohnte Sorten blühen ausschließlich an den Vorjahrstrieben im Juli/August – vom Gärtner vorgetrieben auch früher. 'Endless Summer' entwickelt dagegen bereits an den jungen Trieben Blütenstände und erfreut – reichliche Ernährung vorausgesetzt – den ganzen Sommer hindurch mit neuen Bällen.

Aber auch bei ihnen liegt es weniger in der Hand des Züchters, ob die Blütenfarbe rötlich oder bläulich ausfällt. Der Boden spielt eine entscheidende Rolle. Leicht sauer oder zumindest neutral sollte er sein. Aber das allein reicht nicht. Lange Zeit fanden die Gärtner keine Antwort auf die Frage, warum bestimmte Hortensien-Sorten auf manchen Böden rosa, auf anderen bläulich blühen. Erst 1940 entdeckte der Amerikaner R. C. Allen, dass Aluminiumsalze für die blaue Farbe verantwortlich sind. Heute enthält Hortensiendünger Aluminiumsalze, mit denen sich die blaue Farbe dauerhaft erhalten lässt.

FASZINATION *der schwarzen Blüten*

Teufelsregenschirm heißt der Braune Storchschnabel (*Geranium phaeum*) im Volksmund. Dass eine Pflanze nahezu schwarz blüht, kann einfach nicht mit rechten Dingen zugehen, dachten unsere Altvorderen. Der Teufel musste seine Hand im Spiel haben und so kam die dunkelblütige Wildpflanze zu ihrem Namen.

In der Tat ist eine derart dunkle Blütenfarbe ungewöhnlich. Farben dienen dazu, Insekten anzulocken. Die meisten Arten setzen daher auf lebhaftes Gelb, Rot, Blau oder Weiß. Dass man auch anders erfolgreich sein kann, zeigt neben dem Teufelsregenschirm das Schwarze Schmuckkörbchen (*Cosmos atrosanguineum*). Vielleicht sind es die ultravioletten Farbanteile, die die Blüten für Insektenaugen attraktiv machen. Möglich ist auch, dass die Blütenbesucher auf die prall gefüllten Staubgefäße fliegen, die sich vor dem dunklen Blütengrund gut abheben. Sicherheitshalber macht die Schwarze Kosmee aber auch noch durch Schokoladenduft auf sich aufmerksam.

Die Einstellung der Menschen zum Schwarz ist ambivalent. Es gilt als Farbe der Trauer und der Anarchie, steht aber auch für Eleganz und Vornehmheit. Entsprechend begegnet man schwarzen oder schwärzlichen Blumen mit Ablehnung, aber auch mit Faszination. Die einen meiden sie, die anderen würden jeden Preis für eine wirklich schwarze Tulpe, eine tatsächlich schwarze Rose zahlen. Aber völlig schwarze Blüten gibt es allen züchterischen Anstrengungen zum Trotz bisher nicht. Immer schimmert noch ein Rest von Rot, Blau, Braun oder Violett durch.

Taucht völliges Schwarz in Blüten auf, dient es dazu, die Wirkung schwarzer Staubgefäße zu vertiefen. Beim Orientalischen Mohn ist das so. Hier hebt sich der pechschwarze Blütengrund vom umgebenden Rot ab und täuscht mehr Quellen eiweißreichen Blütenstaubs vor, als tatsächlich vorhanden sind. Auch schwarzgrundige Tulpen, die Schwarzäugige Susanne oder das rote Sommer-Adonisröschen bedienen sich dieses Tricks. Die vorherrschende Blütenfarbe wird dadurch aber nicht überlagert. Als Signalfarbe ist sie für die Pflanze

unverzichtbar. Erfolglos waren daher alle bisherigen Züchtungsversuche, Sorten mit immer größerem Basisfleck auszulesen, um so zu einer wirklich schwarzen Blüte zu kommen. Den Züchtern bleibt nur der Weg, die Blütenfarbe selbst zu verändern und der ist schwierig.

Im Lauf der Jahrzehnte haben sich Züchter verschiedenster Pflanzenarten daran versucht. 1934 kam der Rosenzüchter Krause, Hasloh, mit der Floribunda-Rose 'Nigrette' dem Ziel bereits sehr nahe. Aber mangelnde Widerstandsfähigkeit ließ die Sorte bald wieder aus den Katalogen verschwinden. Heute zeigen die Edelrosen 'Black Lady' oder 'Barkarole' starke Schwarzanteile.

Noch näher am Ziel sind die Iriszüchter mit den Sorten 'Grief', 'Dusky Dancer' oder 'Black Swan'. Auf ihren Blütenblättern liegt nur noch ein Hauch von Violett oder Blau. Erst wenn das Sonnenlicht die Blütenblätter durchscheint, wird deutlich, wie weit sie von wirklichem Schwarz entfernt sind. Auch unter die sonst so frischen Farben der Stiefmütterchen mischen sich ein paar dunkle Vertreter. Klein wie das wilde Acker-Stiefmütterchen ist die fast schwarze 'E. A. Bowles', auch 'Bowles Black' genannt. 'Sorbet Black Delight' fällt in die Gruppe der heute so beliebten Horn-Veilchen. Nur ein winziges Auge in der Mitte hellt die schwarze Blume auf.

Die schwarzen Stiefmütterchen sind wie all die anderen dunkelblütigen Sorten Raritäten. Dennoch lohnt es sich, nach ihnen zu suchen. Sparsam verwendet bereichern sie den Garten als Kontrapunkt zum bunten Blühen ringsherum. Sie dominieren nie, ziehen aber den Blick auf sich, weil sie dem gewohnten Bild einer Blume widersprechen. Wir können selbst heute nicht recht glauben, dass es mit rechten Dingen zugeht, wenn eine Blume so schwarz blüht.

Von SPRINGKRÄUTERN *und Fleißigen Lieschen*

Vom Kräutchen ‚Rühr-mich-nicht-an' im tiefsten Hindostan wächst eine Art, die ist so zart, dass dieses Wesen sich bis heute, schlechthin zu existieren scheute. (Der Fall ist für die Wissenschaft ganz rätselhaft)", reimte Heinrich Waggerl in seinem „Heiteren Herbarium". Abgesehen von diesem poetischen Kräutchen ist die Familie der Kräutlein „Rühr-mich-nicht-an" alles andere als scheu und zart. Allenfalls dem heimischen Echten Springkraut (*Impatiens noli-tangere*) haftet mit seinen großen goldgelben Blüten am feinen Stiel noch ein wenig Zartheit an. Andere fallen eher durch unbändige Vitalität auf. So kommt es, dass einige sich großer Beliebtheit als Zierpflanzen erfreuen, während andere, vor allem von Ökologen, eher mit Skepsis betrachtet werden.

Dcr Name Rühr-mich-nicht-an oder *Impatiens* (lateinisch für empfindlich) erklärt sich leicht aus dem Mechanismus, mit dem die reifen Früchte ihre Samen fortschleudern. Nicht nur Kindern macht es einen Heidenspaß, die schlanken Kapseln des Kleinblütigen Springkrauts (*Impatiens parviflora*) zum Explodieren zu bringen. Sind sie richtig reif, reicht eine leise Berührung, damit sie zerplatzen. Die Samen werden dabei weit fort geschnellt, während die Kapselwände sich bizarr aufrollen. Ein wonnevoller Schreck über die jähe Bewegung und ein bisschen Gruseln über die lebendig gewordenen Kapselwände gehörten dazu.

Wer das Spiel mit den reifen Kapseln spielen möchte, muss nicht lange suchen. In den meisten Wäldern hat das Kleinblütige Springkraut große Flächen besiedelt. Dabei war es ursprünglich bei uns gar nicht heimisch. Erst 1837 wurde es aus Ostasien kommend als neue Zierpflanze im Großen Garten in Dresden angesiedelt. Aber bald machte es sich selbstständig und ließ seine Samen über die Grenzen des Parks hinaus wandern. 1879 wurde es in Danzig nachgewiesen, 1893 in Stuttgart und 1899 hatte es Hamburg erreicht. Seinen Ruf als Zierpflanze ruinierte es damit völlig, dafür eroberte es unsere Wälder umso gründlicher.

Nicht nur aus diesem Grund fällt es den meisten Menschen schwer, das Springkraut als nahen Verwandten beliebter Beet- und Balkonpflanzen zu identifizieren. Auch in Blütengröße, -form und -fülle wirken Fleißiges Lieschen (*Impatiens walleriana*) und Edellieschen (*Impatiens*-Neuguinea-Gruppe) so völlig anders als der kleine Neubürger unserer Wälder. Erst genaues Hinsehen fördert zu Tage, dass Zierpflanze wie Wildling mit einem Sporn ausgestattet sind. Und wenn *Impatiens walleriana* 'Sea Shell' ihre Blüten muschelförmig rundet, dann erscheint die Verwandtschaft mit dem Kleinblütigen Springkraut gar nicht mehr so unmöglich. Vollends klar wird, wen man vor sich hat, wenn die Früchte des Fleißigen Lieschens reifen. Sie sind zwar rundlicher, verschleudern aber mit genau der gleichen Energie ihren Nachwuchs.

Das Fleißige Lieschen aus dem tropischen Afrika hat schon lange seinen Platz unter den dauerblühenden Sommerblumen. Kleine Exemplare, zu Saisonbeginn im Mai gepflanzt, wachsen zu üppigen Polstern heran. Mit seiner Vorliebe für eher schattige Plätze zaubert es überquellende Blütenteppiche in den Schatten von Gehölzen, in Mauerschatten und auf wenig sonnenverwöhnte Balkons. Dabei sind

alle Schattierungen von Weiß bis Burgunderrot und Violett oder Orange möglich. Schön sind Sorten mit weißem Stern auf rotem, rosa oder orangefarbenem Grund wie bei der Accent-Serie oder mit nach innen aufhellender Mitte wie bei 'Stardust'. Sogar Sorten mit gefüllten Röschen-Blüten entdeckt man.

Das feinere Gegenstück zum Fleißigen Lieschen, das Edellieschen (*Impatiens*-Neuguinea-Gruppe) begann seine Karriere erst in den 1970er-Jahren. Durch Kreuzung von Formen der *Impatiens hawkeri* aus dem Hochland von Neuguinea entstanden erste viel versprechende Sorten. Vor allem deutsche Züchter nahmen sich der neuen Schönen an, die sich mit leuchtenden Blüten, kompaktem, gleichmäßigem Wuchs und elegantem Blattwerk von ihrer Schwester unterscheidet. Heute ist das Sortenspektrum kaum noch zu überblicken. Wieder gibt es alle Nuancen zwischen Weiß, Rot und Violett. Zweifarbige Blüten vergrößern die Qual der Wahl. Mal stehen die Blüten über fast schwarzem Laub, dann über frischgrünem oder gar über zwei- und dreifarbigem Blattwerk. Dank der strahlenden Farben und des schönen Wuchses ist das Edellieschen nicht nur als Balkon- und Beetpflanze gefragt. Mindestens ebenso wichtig ist seine Rolle als Sommertopfpflanze.

Über diesen beiden Sommerschönen ist die Balsamine (*Impatiens balsamina*) nahezu in Vergessenheit geraten. Unsere Großeltern schwärmten noch von der Sommerblume, die durch große wohlgeformte und meist dicht gefüllte Blüten auffiel. Je nach Blütenform unterschied man zwischen Rosen-, Kamelien-, Nelken-, Victoria- und Zwerg-Balsaminen. Noch in den 1970er-Jahren fand man Sorten wie 'Blütenbusch' oder 'Rosenmischung' in den Katalogen. Heute sind sie fast völlig daraus verschwunden und die herrlich altmodischen Blumen müssen auf ihre Wiederentdeckung warten.

So wie die Balsaminen sucht man meist auch das Drüsige Springkraut (*Impatiens glandulifera*) unter den Angeboten der Gärtner vergebens, während es in älteren Katalogen noch seinen Platz hatte. Mit seiner stattlichen Erscheinung von bis zu 2 m Höhe wäre es eine schöne Bereicherung für den Garten. Die großen purpurrot-weißen Blüten ziehen den Blick auf sich. Aber nicht nur der ein wenig eigenartige Geruch der Pflanze dämpft die Begeisterung. Ähnlich wie das Kleinblütige Springkraut hat dieser Gast aus dem Himalaja den Drang sich auszubreiten. Insbesondere in Süddeutschland findet man ihn – sehr zum Kummer der Ökologen – als dichten Saum entlang der Bach- und Flussläufe. Im Schatten seiner Blattmassen hat die heimische Vegetation keine Chance. Kein Wunder, dass die Begeisterung, sie als Zierpflanze in die Gärten zu holen, heute sehr gedämpft ist. So schlecht ist der Ruf von *Impatiens balfourii* aus dem Himalaja noch nicht. Im Garten erfreut sie mit scheinbar schwebenden purpur-rosa Blüten. Aber auch sie hat den Ausbreitungsdrang der *Impatiens*-Gattung.

AMORS PFEILE

Aus hartem Buchsbaumholz geschnitzt

Ein Garten ohne Buchsbaum? Zurzeit kaum denkbar. Buchskugeln, -kegel und -säulen grünen in Töpfen und Kübeln. Hecken und Heckchen umrahmen Beete. Streng geschnitten fügt Buchsbaum sich in topaktuelle minimalistische Grünräume, in historische Anlagen, traditionelle Bauerngärten und ungeschnitten sogar in den Naturgarten. Anpassungsfähig an fast jeden Standort, robust, immergrün, wuchsfreudig, schnittfest und mühelos formbar, ist er ein Star unter den Gehölzen – und das schon seit Jahrhunderten oder besser Jahrtausenden.

Plinius der Jüngere schwärmte im ersten Jahrhundert nach Christi vom Buchsbaum in seinem Garten in der Toscana. In einem seiner Briefe erfährt man, dass der Strauch auf der obersten Gartenterrasse runde, eckige und geschweifte Beete einfasste. Auf den folgenden Terrassen erfreuten aus Buchsbaum geschnittene Figuren das Auge. Am Ende des Gartens schließlich verdeckte stufenförmig geschnittener Buchs die Gartenmauer, sodass Garten und Landschaft optisch ineinander übergingen. Alles Verwendungsformen des Buchs, wie sie durchaus in heutigen Gärten vorkommen können.

Plinius und seine Zeitgenossen nannten den immergrünen Strauch *buxus* und so heißt er bis heute weltweit botanisch korrekt. Die alten Griechen sprachen von *pyxos* und mit *pyxis* bezeichneten sie kleine zylinderförmige Behältnisse, die aus dem besonders harten Holz des Baumes gedrechselt wurden. „Büchse“ und das englische „box“ leiten sich davon ab. Auch zu Flöten wurde das harte und feine Holz verarbeitet, zu Werkzeugen und kultischen Geräten. Passionierte Pfeifenraucher leisten sich auch heute noch teure Pfeifenköpfe aus Buchsbaumholz.

Nachhaltig zu spüren bekommen Verliebte die Härte des Holzes. Amor schnitzt seine Pfeile aus Buchsbaumholz und überwindet so auch Herzen, die sich mit aller Kraft gegen die Liebe gewappnet haben. Den Römern galt Buchsbaum daher als Symbol des Liebesschmerzes und der Liebe über den Tod hinaus. Im christlichen Glauben wird er mit seinem immergrünen Laub zum Attribut Marias, zum Sinnbild der Unsterblichkeit und des ewigen Lebens durch das Leiden Jesu Christi.

Im Mittelalter nutzte man Buchsbaum-Extrakte bei Zahnschmerzen, gegen Epilepsie und als Wurmmittel. Heute wissen wir, dass in allen Pflanzenteilen das Gift Buxin enthalten ist, das zu Erbrechen, Krämpfen, Durchfall und Atemlähmung führen kann. Folglich hat der Strauch nur noch in der Homöopathie medizinische Bedeutung. Bei Tieren wirkt das Gift stärker als auf den Menschen. Bereits 5 g der Blätter pro kg Körpergewicht sollen für Hunde gefährlich werden. Bei Pferden gelten 700 bis 900 g Blätter als kritisch. Rund um die Pferdekoppel sollte der Strauch daher besser nicht wachsen. Hunde und Katzen finden Buchsbaum kaum noch interessant, wenn ihnen attraktiveres Grünzeug wie etwa Katzengras angeboten wird.

Wer so vorsorgt, kann sich unbeschwert am Buchsbaum erfreuen. Aber Vorsicht, passt man nicht auf, infiziert man sich unversehens am Sammlervirus, denn Buchs ist keineswegs gleich Buchs. Über 40 Sorten vom heimischen bzw. mediterranen *Buxus sempervirens* und seinem fernöstlichen Verwandten *Buxus microphylla* sind heute bekannt. Spezialbaumschulen wie Andreas Huben in Laden-

burg oder Atrops in Rheurdt-Schaephuysen bei Krefeld halten rund 20 davon bereit. Da fällt die Wahl schwer. Neben den dunkelgrünen Sorten findet man den schönen blaugrünen 'Blauer Heinz'. 'Elegantissima' fällt durch einen weißen Rand auf und 'Aureovariegata' zeigt gelb-grün gefleckte Blätter. Schön rund entwickeln sich die Blätter von 'Rotundifolia', schmal und länglich bedecken sie beim 'Typ Schwetzingen' die Zweige.

Am stärksten aber unterscheiden die Sorten sich durch ihre Wuchsstärke. Daher sollte man unbedingt berücksichtigen, welchen Zweck der Buchsbaum erfüllen soll, sonst muss man häufiger schneiden als unbedingt nötig. Als niedrige „Bodendecker" eignen sich beispielsweise die flach und nestförmig wachsenden Sorten 'Herrenhausen' oder 'Vardar Valley'. Niedrige Hecken zieht man am besten aus den Sorten 'Suffruticosa' oder 'Blauer Heinz' heran. Sie erreichen auch ohne Schnitt kaum mehr als 40 cm Höhe. Für niedrige Figuren bietet sich die mittelstark wachsende Sorte 'Faulkner' an. Starkwüchsig sind Sorten wie 'Microphylla', 'Globosa', 'Rotundifolia', 'Handsworthiensis' und 'Arborescens'. Aus ihnen lassen sich große Figuren, hohe Hecken und Sträucher ziehen.

Die Suche nach dem richtigen Standort für den Buchs bereitet kaum Probleme. Die natürliche Verbreitung von *Buxus sempervirens* reicht von Südwesteuropa und dem Mittelmeerraum über die Alpen bis ins Oberrheingebiet und an die Mosel. Er kommt daher gut mit unserem Klima zurecht. Ähnlich breit ist die Klima-Amplitude bei *Buxus microphylla*. Nur auf den Schnittzeitpunkt sollte man bei beiden Sorten achten, wenn sie in rauen Regionen wachsen. Während im milden Klima vom Austrieb bis in den Frühherbst geschnitten werden kann, sollte man in Zonen mit kräftigem Frost nur zwischen Mitte Mai und Anfang Juni zur Schere greifen. Die nach dem Schnitt erscheinenden Triebe haben dann Zeit, bis zum Winter auszureifen.

Die Art des Standorts, ob in voller Sonne oder im Halbschatten, spielt für den Buchs keine Rolle, solange es hell genug ist. Außerdem steht er gern warm. Der Boden darf sandig, kiesig, schotterig oder tonhaltig sein. Ein frischer Boden behagt ihm am meisten, aber auch mit trockeneren Böden kommt er noch erstaunlich gut zurecht. Nur saure, staunasse und verdichtete Böden mag er gar nicht. Dann wird aus dem robusten Burschen plötzlich ein heikles Pflänzchen.

GESUNDHEIT
aus dem eigenen Garten

Alljährlich kommt sie wieder die dunkle Jahreszeit und mit ihr Schnupfen, Husten, Halsschmerzen, die leichte Herbstdepression und andere Beschwerden, die während der schönen Sommermonate vergessen waren. Aber gegen jedes Wehwehchen ist bekanntlich ein Kraut gewachsen. Oft wird es sogar im eigenen Garten gehegt und gepflegt, weil Blüten und Blätter so schön sind. Die inneren Werte der Pflanzen geraten darüber meist in Vergessenheit.

Wer denkt schon an Hagebuttentee, wenn die Rosen in der Hecke blühen. Dabei zählt das rote Getränk aus den Rosenfrüchten zu den bewährten Mitteln gegen Erkältungskrankheiten. Rechtzeitig zum Herbst sind die „Männlein" reif. Aufgeschnitten, von den haarigen Kernen befreit und getrocknet stehen sie zum Vorbeugen und Bekämpfen bereit.

Ab ins Bett und schwitzen ist die Devise, wenn die Glieder schwer werden und die Nase kribbelt. Gleich drei Pflanzen unterstützen den Körper dabei: Holunder (*Sambucus nigra*), Linde und Mädesüß (*Filipendula ulmaria*). Die Blüten von allen dreien besitzen schweißtreibende Inhaltsstoffe. Als Tee aufgegossen und heiß getrunken machen sie Bakterien und Viren Beine. Holunder stellt sich manchmal von selbst im Garten ein. Besser im Ertrag als die Wildform sind Kultursorten wie 'Haschberg' oder 'Schwarzer Diamant'. Normale Lindenbäume sprengen heutige Gärten. Nur die kleinkronige Winter-Linde (*Tilia cordata* 'Rancho') passt sich mit einem Kronendurchmesser von 4 bis 6 m an und liefert selbst auf kleiner Fläche die süß duftenden Blüten. Das Mädesüß gehört an den Rand des Gartenteiches, dort auf feuchtem, nährstoffreichem Boden entwickelt es seine cremeweißen, fedrigen Blütenstände.

Bekannt für die Stärkung der körpereigenen Abwehrkräfte ist der Rote Scheinsonnenhut (*Echinacea purpurea*). Meist wird er fertig aufbereitet in Tropfen- oder Tablettenform eingenommen. Wer die Pflanze im Garten hat, kann die Blüten auch selbst trocknen und als Tee trinken. Aber eigentlich sind die karminrosa Blüten mit der dunkelroten Mitte zu schade dazu. Sie fügen sich vorzüglich in die Staudenrabatte ein, in der noch andere Quellen der Gesundheit ihren Platz haben. Die Rote Indianernessel (*Monarda*) verstärkt nicht nur die optische Wirkung des Sonnenhuts. Die aromatischen Blüten wirken außerdem verdauungsfördernd und hustenlindernd. Die Wilde Malve (*Malva sylvestris*), ebenfalls mit rötlichen Blüten geschmückt, liefert Tees und Gurgellösungen gegen Halsentzündungen und zur Linderung des Hustenreizes.

Fast als Allheilmittel dient die hübsche Ringelblume (*Calendula officinalis*), die bis zum Frost blüht. Zu Salbe verarbeitet, lassen die gelb- bis orangefarbenen Strahlenblüten Sonnenbrand, Wunden und Verletzungen schneller heilen. Ringelblumentee hilft bei Leber- und Gallenleiden und gegen Entzündungen im Mund- und Rachenraum. Wie ein gelber Schleier blühen die Triebe des Frauenmantels (*Alchemilla*-Arten). Sie lindern krampfartige Schmerzen während der Regelblutung und können Migräne mildern.

Wen der trübe Herbst depressiv macht oder nicht schlafen lässt, der findet im Tüpfel-Johanniskraut (*Hypericum perforatum*) ein mildes Gegenmittel. Mit strahlend gelben Blüten mischt sich die Pflanze im Sommer zwischen die anderen Stauden. Heilsames Öl lässt sich

bereiten, wenn Knospen und Blüten ein paar Wochen darin ziehen. Bei kleinen Wunden oder rheumatischen Schmerzen wird es auf die betroffenen Stellen aufgetragen.

Nur wenige Schritte weiter am Rand des Gartenteiches reckt der Echte Baldrian (*Valeriana officinalis*) seine weißen Dolden. Er ist der Klassiker, wenn es um innere Ruhe, erholsamen Schlaf und Hilfe bei nervöser Erschöpfung geht. Am wirksamsten ist der Aufguss aus den getrockneten Wurzeln. Sie können im September/Oktober „geerntet" werden, wenn man die Pflanze ohnehin aufnehmen will, weil sie sich während des Sommers kräftig ausgebreitet hat.

Als Kräuter der mediterranen Küche werden Rosmarin, Thymian und Lavendel geschätzt. In Pflanzkübeln, Töpfen und Beeten verbreiten sie südliches Flair. Vielfältig sind aber auch die gesundheitlichen Wirkungen der aromatischen Pflanzen. So helfen ihre Inhaltsstoffe gegen Magen-, Darm- und Gallenleiden. Lavendel beruhigt außerdem die Nerven, entspannt und fördert den Schlaf. Rosmarin kräftigt den Blutdruck, wirkt anregend auf Herz und Kreislauf. Thymian löst Schleim und Krämpfe und hilft bei schlecht heilenden Wunden.

Am häufigsten werden die Heilkräuter frisch gepflückt oder getrocknet als Tee verwendet. Sie lassen sich aber auch gut in Öl, Essig, Wein oder Branntwein konservieren. Dazu übergießt man eine gute Hand voll der Kräuter mit der entsprechenden Flüssigkeit, lässt sie drei bis vier Wochen bei Zimmertemperatur ziehen; dann seiht man ab und nützt Kräuteressig, -öl, -wein oder -geist zum Trinken, Einreiben oder Würzen. Am einfachsten aber ist es, mehrmals am Tag mit den Händen über die aromatische Pflanze zu streichen und den dabei aufsteigenden Duft einzuatmen. Der intensive Kontakt mit der duftenden Pflanze erhöht das körperliche wie das seelische Wohlbefinden.

HEIDE *Vom dürren Kraut zur Gartenpflanze*

Es ist ein greulicher Anblick, oft meilenweit kein Baum, keine Hütte, kein angebautes Feld, sondern überall nichts als dürres Heidekraut", klagte Johann Heinrich Campe, Pädagoge und Hauslehrer der Familie Humboldt, Ende des 18. Jahrhunderts. Für ihn galt noch der ursprüngliche Sinn des mittelhochdeutschen Wortes „Heida", das „unbebautes, wild grünendes Land" bezeichnete. Welch ein Wandel hat sich seither vollzogen. Besucherströme fallen in die Lüneburger Heide ein, wenn sie ihr rosarotes Gewand anlegt und in unzähligen Heidegärten, Heidepartien, Heidetrögen dominiert das geschmähte Sträuchlein mit den winzigen Blüten.

Den Blick für das Besondere dieser riesigen Heideflächen eröffnete der aufkommende Naturalismus. „Tiefeinsamkeit, es schlingt um deine Pforte, die Erika das rote Band, von Menschen leer, was braucht es da noch Worte, sei mir gegrüßt Du stilles Land", reimte Detlev von Liliencron gegen Ende des 19. Jahrhunderts. Ähnlich priesen Theodor Storm, Annette von Droste-Hülshoff und etwas später Hermann Löns die schwermütige Schönheit der herben Landschaft. Maler und Bildhauer suchten ihr glühendes Purpur, den Wechsel der Farben, die Weite auf Leinwand zu bannen und zogen sich um die Wende zum 20. Jahrhunderts in die Künstlerkolonie Worpswede inmitten der Heide zurück.

Mehr und mehr wurde so die ursprünglich geschmähte Landschaft zum Traum von bäuerlicher Schlichtheit, von Ruhe und Klarheit. Romantische Schwärmerei verklärte sie zur heilen Welt, die im Gegensatz stand zum Lärm, zur Enge und Hektik der Städte. Was Wunder, dass die Menschen in die Heide strömten. Aber auch in den eigenen Garten sollte ein Stückchen Heide-Idylle einziehen. Heidegärten oder zumindest Heidepartien im Garten entstanden als kleines Abbild der romantischen Szenerien, die man beim Ausflug in die Natur erblickt hatte. Das dürre Heidekraut wurde zur Gartenpflanze.

Und wie immer, wenn eine Pflanze ins Blickfeld rückt, begann die Suche nach besonderen Exemplaren, die intensiver leuchten oder

zarter getönt sind als die anderen. Dabei machte es die Besenheide (*Calluna*) ihren Anhängern relativ leicht. Ihr Purpurrosa ist bereits von Natur aus variabel. Wer genau hinsieht, entdeckt in einem Heidestück ziemlich schnell Sträucher mit dunklerer und hellerer Blüte. Ungewöhnliche Exemplare suchen und vermehren war daher der erste Schritt, den die Engländer bereits sehr früh gingen. Dort soll es Mitte des 19. Jahrhunderts schon vier Sorten gegeben haben, darunter die gefüllte *Calluna vulgaris* 'Plena'.

Aber so richtig setzte die gezielte Auslese und Züchtung mit viel versprechenden Exemplaren vor rund 100 Jahren ein. Wie erfolgreich man damals war, zeigen noch heute beliebte Sorten wie die lilarosa 'County Wicklow' aus dem Jahr 1920 oder die hellrosa 'H. E. Beale' aus dem Jahr 1926. Insgesamt entstanden rund 1000 Sorten im Laufe der Jahrzehnte. Dabei ging es schon bald nicht mehr nur um neue Farbvarianten. Mindestens ebenso wichtig war es, die Blütezeit der Heidepartien zu verlängern und Wege zu finden, damit der Heidegarten auch außerhalb der Blütezeit attraktiv aussieht.

Von August bis Oktober blühte *Calluna vulgaris* schließlich bei richtiger Sortenwahl im Garten. Sorten mit knallroter Winterfärbung wie 'Sir John Charrington' oder mit gelbem Laub wie 'Gold Haze' zogen auch danach noch den Blick auf sich. Außerdem ließ sich mit den Sorten der Schnee-Heide (*Erica carnea*) der Blütenflor von Dezember bis Mai fortsetzen. Und die Graue Heide (*Erica cinerea*) konnte die sommerliche Lücke bis zur erneuten Blütezeit der Besenheide ausfüllen. Der rund ums Jahr blühende Heidegarten war perfekt. Außerdem lieferte *Erica gracilis*, meist als Topfheide bezeichnet, die knalligsten Heidefarben. Sie ist zwar nicht winterhart, dafür bietet sie glühendes Purpur für Beet, Schale und Balkonkasten, wenn die anderen Gartenfarben verblassen. Dass sie Konkurrenz bekommen könnte, schien schwer vorstellbar.

Aber ab Anfang der 1980er-Jahre bereitete sich eine kleine Revolution vor. 'Marleen' kam auf den Markt, die erste Knospen blühende *Calluna-vulgaris*-Sorte. Knospen blühend heißt, die Blüten öffnen sich nicht. Während normale Heideblüten kurz nach dem Bienenbesuch vergehen, können die geschlossenen Blüten gar nicht befruchtet werden. Daher überziehen sie über Wochen, oft Monate farbenprächtig die Zweige.

Knospenblüher sind von ihrem Ursprung her eine seltene Laune der Natur. Die erste Beschreibung einer derartigen *Calluna* stammt aus dem Jahr 1903, als bei Golm in Brandenburg ein leuchtender Farbfleck im sonst bereits braunen Callunen-Meer gefunden wurde. Damals war die Weitervermehrung oder gar Züchtung extrem schwierig. Erst gegen Ende des 20. Jahrhunderts gelang Kurt Kramer in Edewecht/Oldenburg die erfolgreiche Züchtung. Inzwischen sind die 'Gardengirls', wie er seine Mädchennamen tragenden Sorten nennt, zu herbstlichen Stars herangereift.

Auf die noch etwas farbschwache 'Marleen' folgten rasch intensiver leuchtende Sorten. Heute sind 'Alexandra' und 'Melanie' die Spitzenreiter, die erste mit roten Knospen, die zweite mit klarem Weiß über frisch grünem Laub. Strahlendes Weiß zeigt auch 'Alicia', während 'Amethyst' mit dem klassischen Purpurrosa der Besenheide erfreut. Das strahlendste Rot entwickelt natürlich 'Aphrodite'. 'Sandy' schließlich ist die erste Sorte, die ihre weißen Knospen vor lebhaft gelbem Laub präsentiert. Sie alle wirken von September bis November, oft sogar noch im Dezember farbstark. Selbst Frost bis −10 °C zerstört die Knospen nicht. Schließlich lässt die Knospenschönheit bei anhaltendem Winter doch nach. Nun erfreut nur noch das Grün und die Struktur der kleinen Zweige das Auge. Im März/April ist Zeit zum Stutzen, damit die Sträucher verjüngt und blühwillig in den Sommer starten. Kurze Zeit später machen frisch grüne Triebe schon wieder Hoffnung auf kommende Knospenpracht.

Wie die BIRNE *am Spalier …*

„Wie die Birne am Spalier, Liebchen hängt mein Herz an Dir", reimte man Anfang des letzten Jahrhunderts. Spalier, was ist das eigentlich? Wer kennt heute noch die Kunst, Obstgehölze an Holzgerüsten in Form zu ziehen? Spalierobst macht Obstkultur auf kleinstem Raum möglich. Damit erscheint sie für heutige Gartengrößen wieder hochinteressant. Noch wichtiger aber ist die bessere Reife der Früchte. Zwar können Obstspaliere auch frei stehen, sie sind aber häufig vor besonnter Mauer angebracht. Sie speichert die Wärme und lässt das Spalierobst besonders süß und aromatisch werden.

Palmette, Verrier-Palmette, U-Form, Doppeltes U, wer Fachleuten beim Diskutieren über Spaliere zuhört, dem schwirrt bald der Kopf. Aber keine Angst, ganz so schlimm, wie es sich anhört, ist die Kunst der Spaliererziehung nicht. Allerdings handelt es sich um Äste, die durch Binden und Schneiden in Form gezogen werden. Klar, dass das nicht ohne Sorgfalt und Pflege abgeht. Aber es macht einfach Spaß zu erleben, wie sich Wachstum, Blüten- und Fruchtfülle beeinflussen lassen. Entspannend ist das geruhsame Hantieren mit den Pflanzen außerdem. Und wenn dann noch andere Menschen stehen bleiben und das Werk bewundern, ist das Vergnügen perfekt.

Standorte für Spaliere finden sich in jedem Garten. Als schlanke Wegbegleiter können sie Heckenersatz spielen. Sie eignen sich als Trennwände zwischen verschiedenen Gartenteilen. Sichtschutzmauern verschwinden hinter ihrem grafischen Zweigmuster. Und schließlich schmücken sie Hauswände mit Blüten, Blättern und verlockenden Früchten. Dabei sind die warmen Südseiten vor allem Wein, Pfirsichen, Aprikosen und Birnen vorbehalten. Auf der trockenen Ostseite fühlen Quitten und Aprikosen sich wohl. Die feuchte Westseite bekommt Äpfeln gut. Mit Nordseiten nehmen allenfalls Sauerkirschen vorlieb. Süßkirschen eignen sich nicht als Spalierobst.

Damit das Spalier Form bekommt, ist ein kräftiges Gerüst erforderlich. Am Haus sind starke Holzlatten ideal, die mit 3 cm Abstand von der Hauswand befestigt werden. Für frei stehende Spaliere

Comtesse de Paris

spannt man kräftigen Draht zwischen solide Pfosten. Der unterste Draht bzw. die unterste Holzlatte wird in etwa 60 cm Höhe über dem Boden angebracht, alle anderen jeweils in 90 cm Abstand darüber. Die dazu senkrechten Drähte bzw. Hölzer bekommen 40 cm Abstand.

Der Formschnitt zielt darauf ab, gleichmäßig starke Leittriebe zu ziehen, die alle gleich viel Licht und Sonne bekommen und dicht mit kurzen Fruchtsprossen besetzt sind. Das Formen beginnt mit einer einjährigen Veredlung, also einer Pflanze, die im vorangehenden Jahr veredelt wurde. Den ersten Versuch macht man am besten mit der einfachen Spindel. Sie wächst als gleichmäßig schlanker, aufrechter Baum mit nur einem Leittrieb. Wie bei allen anderen Spalieren werden all ihre Seitentriebe ab Ende Mai entspitzt und waagerecht oder in schrägem Winkel aufgebunden. Vier bis fünf Blätter je Trieb sollen stehen bleiben. Sobald die nun austreibenden Seitenknospen erneut drei Blätter entwickelt haben, wird wiederum entspitzt und so fort. Durch das häufige Schneiden stimmt man die Zweige von Wachstum auf Blütenentwicklung um. Das Ergebnis sind kurze, dicht mit Blütenknospen besetzte Seitentriebe.

Zum Glück müssen sich Anfänger bei U-Form oder Palmette nicht gleich auf die eigenen Schnittkünste verlassen. Immer mehr Baumschulen und Gartencenter bieten junge, bereits formierte Apfel-, Birnen-, Pfirsich- oder Aprikosenbäumchen an. Der schwierige Start ist damit bereits erledigt.

Wer es von Anfang an versuchen will, geht beim U wie folgt vor: Der Leittrieb wird auf zwei kräftige seitliche Knospen in etwa 40 cm Höhe über dem Boden zurückgeschnitten. Aus beiden Knospen entwickeln sich die künftigen Leittriebe, der rechte und linke Schenkel des U. Beide Triebe werden durch vorsichtiges Biegen und Anbinden ans Tragegestell etwa 25 cm weit waagerecht vom Stamm weggeleitet. Dann geht es im Bogen nach oben und in die Senkrechte.

Meist entwickeln sich die Schenkel des U nicht von allein gleichmäßig. Dann wird die Spitze des kräftigeren im Sommer gestutzt und im folgenden frühen Frühjahr kräftiger zurückgeschnitten als der schwächere Trieb. Auch bei allen anderen Spalierformen gilt das Prinzip: Gezieltes Stutzen und Schneiden hemmt stark wachsende Triebe und lenkt damit die Kräfte auf die schwächeren Triebe um.

Alle anderen Spalierformen bauen sich vergleichbar auf. Das Doppelte U entsteht, wenn beide Triebe erneut auf zwei kräftige Augen geschnitten und in U-Form gezogen werden. Die Palmette wird aus drei Augen aufgebaut. Der mittlere Trieb darf senkrecht wachsen, die beiden anderen U-förmig. Eine besonders schöne, sehr strenge Form ist die Verrier-Palmette, deren Haupttrieb mehrfach auf drei Augen zurück geschnitten wird. So entsteht eine eindrucksvolle Kandelaberform, die sogar größere Hauswände überzieht.

EISENHUT
Respekt heischende Schönheit

Schönheit hat vor Augen, wer Eisenhut in den Garten pflanzt. Das Blau des Herbst-Eisenhutes (*Aconitum carmichaelii* 'Arendsii') vor gelb gefärbtem Herbstlaub gehört zu den beeindruckenden Gartenbildern. Gerade an halbschattigen, feuchten Plätzen, wo die anderen Herbstblüher – Heide, Astern und Chrysanthemen – nicht zurecht kommen, entfaltet er seine Pracht. Rosa Herbst-Anemonen und hohe Silberkerzen, die ähnliche Standorte lieben, unterstreichen die Wirkung des Eisenhuts.

Frühere Generationen gingen nicht so unbefangen mit der stattlichen Staude um. Ihnen galt sie als die giftigste Pflanze Europas. Ihr vergleichsweise leicht verfügbarer Wirkstoff räumte manch unliebsamen Zeitgenossen aus dem Weg. Pudre de succession – Erbpulver – nannte man den Extrakt im französischen Raum. Auch Nero soll sich im Jahr 54 nach Christi seiner bedient haben, um seinen Adoptivvater Kaiser Claudius aus dem Weg zu räumen und seine Nachfolge anzutreten. Am treffendsten spiegelt der griechische Eisenhut-Mythos das damals so düstere Image der Pflanze wider. Danach soll die giftige Pflanze aus dem Geifer des Höllenhundes Zerberus erwachsen sein.

Schillernder wird das Bild vom Eisenhut bei den Germanen. Angst und Faszination mischen sich, wenn von Wotan erzählt wird, der den strahlend blauen heimischen Echten Eisenhut (*Aconitum napellus*) nutzt, um sich zu verwandeln und unsichtbar zu machen. Wer sich der Pflanze bedienen will, muss stark sein, dann aber verleiht sie überirdische Kräfte, lasen die „Zauberkundigen" des Mittelalters aus dieser Sage heraus. Eisenhut wurde zum Bestandteil von Hexensalben. Sie verliehen den Wagemutigen das Gefühl, ihnen wüchsen Haare und Federn und sie flögen in Tiere verwandelt durch die Luft. Unglücklicherweise starben viele von ihnen qualvoll, denn die Inhaltsstoffe der Pflanzenteile schwanken stark.

Dies machte auch die Dosierung des Eisenhuts als Arzneimittel extrem schwierig. Bei Augenleiden, Fieber, Lungenentzündung und Gelenkschmerzen sollten die Inhaltsstoffe helfen. „Doch ist es besser, man gehe solcher giftigen kreuter müssig“, mahnt vor 500 Jahren der Arzt und Botaniker Leonhard Fuchs seine ärztlichen Kollegen, „außer es fordert große Not sie zu gebrauchen“. Heute hat Eisenhut praktisch nur noch in der Homöopathie Bedeutung und den bewusstseinserweiternden Kick verschaffen weniger riskante Drogen.

Das eröffnete Gärtnern und Gartenfreunden endlich die Möglichkeit, sich unbefangen des Eisenhuts anzunehmen und ihn züchterisch zu verändern, so wie das bei dem verwandten Rittersporn seit langem üblich war. Sein schlechtes Image schwand. Ende des 19. Jahrhunderts entstanden gartenwürdige Sorten wie der violettblaue *Aconitum × cammarum* 'Sparks's Variety', der zur Gruppe der Sommer-Eisenhüte gehört, und im süddeutschen Raum verbreitete sich der bayerische Eisenhut (*Aconitum × cammarum* 'Bicolor'), dessen Farben so weißblau sind wie das bayrische Wappen und der Himmel über Bayern. In vielen Bauerngärten reckt er sich über die Zäune.

Auf viele Freunde stößt das Amethystblau von 'Newry Blue', einer Sorte des heimischen Echten Eisenhutes (*Aconitum napellus*). Mit rund 100 cm Höhe gehört sie zu den niedrigeren Gartensorten. Noch wichtiger aber ist sie als Schnittblume, der man in vielen sommerlichen Sträußen begegnet. Wer sich dagegen am lichten Violettblau von *Aconitum carmichaelii* 'Wilsonii' erfreuen will, braucht im Garten Platz. Er ist einer der starkwüchsigsten Eisenhüte und erreicht mühelos 150 cm und mehr.

Sein Blut und das von *Aconitum carmichaelii* fließt in einem der wohl schönsten Vertreter der Eisenhut-Gattung, dem Herbst-Eisenhut *Aconitum carmichaelii* 'Arendsii'. Anfang des 20. Jahrhunderts entstand er beim Wuppertaler Staudenzüchter Georg Arends. Gefälliger Wuchs, späte und reiche Blüte sowie Langlebigkeit – sofern der Standort stimmt – zählen zu seinen Eigenschaften.

Hinter den blauen und violetten Sorten stehen die hellen etwas zurück. Der weiße *Aconitum napellus* 'Albus' verblasst einfach neben seinen blauen Vettern. Der hellgelbe Fuchs-Eisenhut (*Aconitum lycoctonum* subsp. *vulparia*) ist etwas für Kenner. Wer die lockeren Rispen an den breit ausladenden Blütenständen am Naturstandort sieht, ahnt welche Wirkung sie an schattigen Standorten im Garten entfalten können. Wie Lichtflecken schimmern sie aus dem Blätterdunkel hervor und überraschen mit Blüten, wo niemand welche vermutet, vorausgesetzt es ist dort so kühlfeucht wie am Naturstandort in den Auen- und Schluchtwäldern. Und natürlich sollte man auch ihnen den nötigen Respekt entgegenbringen, denn ob gelb, weißblau oder violett blühend, der Eisenhut ist giftig.

WEIN
im eigenen Garten

Süß mit feinem Muskataroma, so rinnt der Saft der „Königin der Weingärten“ über die Zunge. Schwarzblau und wohlschmeckend reifen die Früchte des ‘Blauen Portugieser’ heran. Es muss nicht unbedingt Weinbauklima mit durchschnittlichen 9 °C mittlerer Jahrestemperatur sein, damit Wein gedeiht. Eine geschützte, windstille Süd-, Südost- oder Südwestecke genügt schon. Zwar wird der Geschmack der Trauben je nach Wärme des Sommers unterschiedlich ausfallen. Essbar sind die Trauben aber in jedem Fall.

Sogar keltern lassen sich Trauben, die außerhalb des Weinbauklimas angebaut werden, wenn auch nicht immer mit großem Erfolg, wie die Mönche im 16. Jahrhundert feststellen mussten. Damals hatte der Weinanbau durch die Klöster seine größte flächenmäßige Ausdehnung in Deutschland erreicht. Aufgrund seines hohen Säuregehalts war Wein aus den raueren Regionen allerdings wenig beliebt. Bekanntlich wandelt sich bei der Gärung der Traubenzucker in Alkohol um. Besitzen die Trauben nur wenig Süße, ist der Zucker bald restlos verbraucht. Mehr und mehr zog sich der eigentliche Weinbau daher wieder auf die heutigen Weinbau-Regionen, das Rheintal mit seinen Nebenflüssen und weite Teile Süddeutschlands, zurück.

Wer zu Hause Wein kultivieren möchte, sollte sich davon nicht schrecken lassen. Schließlich sind schon die Trauben aus eigenem Garten etwas Besonderes. Aber nicht nur das, Wein beeindruckt auch als Pflanze. Wer nur die auf zwei bis drei Fruchtruten zurückgeschnittenen Weinstöcke des professionellen Weinbaus vor Augen hat, ahnt nichts von der Wuchskraft, die der Wein in sich trägt. 20 bis 30 m Höhe kann *Vitis vinifera*, wie der Echte Wein botanisch heißt, erreichen. Ganze Hauswände, Pergolen, Gartenlauben können unter seinen großen, dekorativen Blättern verschwinden, die sich im Herbst goldgelb färben.

Ein Gerüst ist nötig, damit der Wein ranken kann. Ob man Holz, Baustahlgewebe oder Eisenpfähle mit Spanndrähten wählt, spielt für die Pflanze keine Rolle. Wichtig ist nur, dass sie richtig geschnitten

und aufgebunden wird, damit es wirklich Wein aus eigenem Garten gibt. Am besten wählt man veredelte, frühreife Sorten; die späten reifen bei früh einsetzender Kühle nicht mehr aus. Neben den bereits genannten eignen sich zum Beispiel 'Gelbe Seidentraube', 'Ortega', 'Perle von Czaba' oder Roter und Weißer 'Gutedel'.

Nur der kräftigste Trieb der frisch gepflanzten Jungrebe wird aufgebunden, alle anderen, die aus der Basis ausschlagen, schneidet man ab. Auch die Seitentriebe, die im ersten Sommer wachsen, werden bis auf ein Blatt zurückgeschnitten. Im nächsten Frühjahr kürzt man das junge Stämmchen auf sechs bis acht Knospen ein. Die daraus entspringenden drei obersten Jungtriebe bilden das Grundgerüst des künftigen Spaliers. Je einer wird nach rechts bzw. links geführt, den dritten zieht man senkrecht nach oben. Die anderen Triebe werden auf ein Blatt zurückgeschnitten. Rückschnitt der drei Jungtriebe auf sechs bis acht Augen und Weiterleiten der obersten Triebe im kommenden Frühjahr setzt den Aufbau des Spaliers fort, bis schließlich die Wand oder das frei stehende Gerüst ganz bedeckt ist.

Wem diese Prozedur zu mühsam ist, der findet in einer der anderen Weinarten eine dekorative Alternative. Immerhin umfasst die

Gattung *Vitis* noch 69 weitere Ranker, die dem Echten Wein an Schönheit nicht nachstehen. Fast in jeder Baumschule findet man die Rostrote Rebe (*Vitis coignetiae*), deren große herzförmige Blätter sich im Herbst prächtig orangerot verfärben. Sie wächst ausgesprochen stark und klettert an ihren natürlichen Standorten in Japan und Korea bis in die Baumwipfel hoch. Die Beschaffung anderer *Vitis*-Arten macht meist etwas Schwierigkeiten. Aber mit einigem Suchen gelingt es doch die Ufer-Rebe (*Vitis riparia*) zu finden, die duftende Blüten besitzt, die Sommer-Rebe (*Vitis aestivalis*) mit ihren wohlschmeckenden Früchten oder den Labrador-Wein (*Vitis labrusca*, Fuchs-Rebe). Dank seiner wohlschmeckenden Beeren und seiner Gesundheit und Frosthärte enthalten viele Amerikanische Weinsorten Erbgut des Labrador-Weins.

Ebenso wie der Echte Wein brauchen diese *Vitis*-Arten ein Gerüst, um klettern zu können. Der selbst klimmende Wilde Wein (*Parthenocissus tricuspidata*) benötigt das nicht. Er erreicht aus eigener Kraft die Höhe. Seine Triebe sind mit winzigen Haftscheiben ausgestattet, wachsen schräg von der Basis weg und überziehen, flach anliegend, Wände und Mauern. Fast immer ist es allerdings nicht die Art selbst, die man in Baumschulen und Gartencentern bekommt, sondern die Sorte *Parthenocissus tricuspidata* 'Veitchii'. Sie ist als einer der besten und schnellwüchsigsten Kletterer bekannt. Von Gelborange über Scharlachrot bis zu schwärzlichem Karmin färben sich seine dreilappigen Blätter im Herbst. Zwischen den Blättern schimmern kleine blauschwarze Beeren, die allerdings nur für Vögel genießbar sind.

Die zweite, nicht weniger robuste Art des Wilden Weins (*Parthenocissus quinquefolia*) ist leicht an den handförmigen Blättern zu identifizieren. Meist erhält man *P. quinquefolia* var. *engelmannii* in Baumschule oder Gartencenter. Sie strebt mit kräftigen Haftscheiben nach oben. Im Handel sind aber auch Varietäten, die sich kaum selbsttätig festklammern. Sie halten sich lieber mit Ranken fest, wachsen senkrecht empor und lassen freie Triebe dekorativ herabhängen. Notfalls muss man nachfragen, damit man wirklich die Pflanze mit den gewünschten Eigenschaften bekommt. Beide, *Parthenocissus tricuspidata* wie *P. quinquefolia*, zaubern ein bisschen vom Flair südlicher Weinorte sogar an zugige Hausecken.

Horste, Matten, Halme *Beeindruckende* HERBSTGRÄSER

Tautropfen funkeln in den Härchen. Cremeweiß mit einem Hauch von Rosa umhüllen sie die Ähren des Lampenputzergrases (*Pennisetum alopecuroides*). Man muss sie einfach anfassen, durch die Finger gleiten lassen, um ihre Weichheit zu spüren. Der Herbst ist die wohl schönste Zeit der Gartengräser, wenn die Sonne die Farben der Halme und Wedel, der Blätter und Rispen aufleuchten lässt in Fuchsrot, Gelbbraun, Grüngelb, Dunkelgrün oder gebrochenem Weiß. Der erste Frost verzuckert die Halme, Nebelnässe macht die Farben dumpf und schwer.

Gräser wachsen in jedem Garten, zur Rasenfläche geschoren, als unausrottbares „Unkraut" bekämpft, viel zu selten aber bewusst gepflanzt, um ihrer dekorativen Schönheit willen. Dabei ist die Vielfalt der Gartengräser schier unendlich vom nur wenige Zentimeter hohen Schwingel bis zu den Riesengräsern. Entsprechend vielfältig lassen sich Gräser im Garten verwenden, als Solitär, der seine ganze Umgebung beherrscht, als Bodendecker und Begleiter oder als gleichberechtigter Partner anderer Stauden und Sommerblumen.

Die markantesten Gestalten sind zweifellos die Riesengräser. Bis zu 300 cm hoch schiebt das Pampasgras (*Cortaderia selloana*) seine silberweißen Federbüsche. Ab September stehen sie über den Horsten, elegant und wuchtig. Andere Pflanzen kommen dann neben ihnen kaum noch zur Geltung. Besonders schöne, wüchsige Sorten sind 'Sunningdale Silver' mit silberweißen Wedeln oder die zartrosa schimmernde 'Rendatleri'. Besitzer kleinerer Gärten können sich mit der nur 100 cm hoch werdenden Sorte 'Pumila' ihren Traum vom Pampasgras verwirklichen. Alle Pampasgräser sind etwas empfindlich gegen Winternässe. Daher bindet man die immergrünen Blätter im Winter zusammen – dabei die Handschuhe nicht vergessen, denn die Blätter sind schneidend scharf. Zusätzlich wird trockenes Laub rundherum aufgehäufelt oder eine Kiste über den Blätterschopf gestülpt.

Beim Chinaschilf, dem zweiten Riesengras, das seine schönste Zeit im Herbst hat, sind diese Vorsichtsmaßnahmen nicht nötig. Alle

Miscanthus-Arten sind zuverlässig winterhart. *Miscanthus sinensis* ‘Silberfeder’ heißt eine der schönsten Sorten, bei der die silbernen Blütenfedern in der silbernen Mittelrinne der Blätter ihren Widerhall finden. 200 cm hoch wird die bewährte Sorte. Für kleinere Gärten eignet sich das Feinhalm-Chinaschilf (*Miscanthus*-Sinensis-Gruppe ‘Gracillimus’). Es erreicht zwar auch 170 cm Höhe, wirkt aber insgesamt leichter und graziöser als seine großen Verwandten. An silber- oder fuchsroten Federbüscheln darf man sich bei den Sorten ‘Rotsilber’ und ‘Malepartus’ erfreuen. Nur *Miscanthus sacchariflorus* sollte man sich lieber nicht in den Garten holen. Es sprengt die heute üblichen Gartendimensionen.

Die Rutenhirse (*Panicum virgatum*) mit der Sorte ‘Rehbraun’ ist den Herbst-Astern ein zauberhafter Partner. Blau sollten sie allerdings blühen, dann leuchtet das fuchsige Rot der Rutenhirse richtig auf. Gut 100 cm hoch erheben sich die straffen Horste. Mit seinem bräunlichen Gold passt auch das Rohr-Pfeifengras (*Molinia arundinacea*, früher *M. altissima*) ins Staudenbeet. ‘Karl Foerster’ heißt die wichtigste Sorte. Nicht weniger schön entwickelt sich ‘Windspiel’. Trotz 150 bis 180 cm Höhe wirken die großen Horste aus glatten Hal-

men leicht und elegant. *Molinia caerulea*, die kleinere Ausgabe des Pfeifengrases lässt es braunrot leuchten. 'Moorhexe' oder 'Winterfeuer' zeigen besonders schöne Farben. Schlank und straff aufrecht widersetzt sich das Moor-Reitgras (*Calamagrostis* × *acutiflora*) dem herbstlichen Dahinsterben. Bis weit in den Winter hinein stehen die bis 170 cm hohen, gelben schmalen Blütenähren über dem braunen Laub. Auch hier heißt die schönste Sorte 'Karl Foerster', nach dem Altmeister der Staudenzüchtung.

Wer Gräser für den kleinen Garten sucht, entdeckt bei den vielen Seggen wahre Herbstschönheiten. Erstaunlich widerstandsfähig gegen Nässe und Sturm gibt sich die Fuchsrote Segge (*Carex buchananii*) aus Neuseeland. Reif hebt das Rostrot der 40 cm hohen Halme besonders hervor. Die nur 20 cm hohe Berg-Segge (*Carex montana*) verfärbt sich in ein lichtes Braun. Freude machen auch die eigentümlich morgensternartig geformten Früchte der Morgenstern-Segge (*Carex grayi*). Wie platt gedrückt wirken die Ährchen beim Plattährengras (*Chasmanthium latifolium*, früher *Uniola latifolia*), die in lockeren Rispen zusammen stehen. Im August beginnt das Gras zu blühen und nimmt dann langsam einen warmen Goldton an.

Neben den herbstfärbenden Gräsern wirken die immergrünen Arten wie ein grüner Dauerton. Schneeweiße Hainsimse (*Luzula nivea*) mit ihren schneeflockenartigen Blütendolden und Wald-Hainsimse (*Luzula sylvatica*) wachsen im lichten Gehölzschatten zum 20 cm hohen, grünen Rasen heran. Schöne grüne Polster entwickelt der Bärenfell-Schwingel (*Festuca gautieri*) an absonnigen Standorten. Der Blaustrahl-Wiesenhafer (*Helictotrichon sempervirens*) zeigt auch im Winter vornehm blaugraue Blattschöpfe in steppenartigen Pflanzungen und großen Steingärten. Ihm zu Füßen antwortet der Schaf-Schwingel (*Festuca ovina* 'Blaufuchs') mit ähnlichem Blaugrau.

Auch die Gattung *Carex* bietet schöne immergrüne Vertreter für eher schattige Plätze, wie die nur 20 cm hohe, sich teppichartig ausbreitende Breitblatt-Segge (*Carex plantaginea*). Zu gefälligen Schöpfen wächst *Carex morrowii* heran. Die weißbunte Form 'Variegata' bringt helle Tupfer ins herbst- und winterliche Grün. Auf etwas feuchteren Standorten wird die Riesen-Segge (*Carex pendula*) zur eindrucksvollen Gestalt, vor allem, wenn sie im Schmuck der langen, an eleganten Halmen herabhängenden Ähren steht. Viele Schätze also, um den herbst- und winterlichen Garten zu beleben.

HALLOWEEN

Das Fest der Kürbisse

Gruselig müssen Kürbisgesichter sein, mit klaffendem Mund in die Dunkelheit grinsend, dann sind sie richtig. Flackerndes Kerzenlicht im Bauch der Riesenfrüchte verleiht ihnen scheinbares Leben. Vor Haustüren, hinter Fensterscheiben, in Vorgärten hocken die orangegelben Kugeln, einzeln, in Gruppen, zu Pyramiden aufgetürmt. Dort wo kein Platz für die echten Früchte ist, kommen zumindest Kürbisnachbildungen zum Zuge. Halloween, das Fest der Geister und Gespenster, hat auch bei uns Fuß gefasst.

Dem Ursprung nach geht Halloween auf keltische Traditionen zurück. Im heutigen Irland feierte man in der Nacht vom 31. Oktober auf den 1. November mit Samhain das Ende des Sommers und den Beginn des neuen Jahres. In dieser Nacht war die Grenze zwischen der dies- und der jenseitigen Welt besonders durchlässig. Die Seelen der Verstorbenen stiegen auf, Gespenster waren unterwegs. Mit Opfergaben wurden sie besänftigt. Lärm, Feuer, aus Rüben geschnitzte Geister sollten Böses fernhalten.

Papst Gregor IV., dem das Treiben ein Dorn im Auge war, versuchte 837 aus Samhain ein christliches Fest zu machen. Als Allerheiligen, „All Saints Day“ oder „All Hallows Evening“, sollte es künftig dem würdigen Totengedenken dienen. Aber wirklich unterdrücken ließ sich die heidnische Tradition nicht. Sie spukte weiter und gelangte, zu Halloween verkürzt, mit irischen Auswanderern in die USA. Dort ersetzten runde Kürbisse die groben Rübengeister und bald zogen verkleidete Kinder mit dem Ruf „Trick or Treat“ (Schabernack oder Süßes) von Haus zu Haus, um „Opfergaben“ zu sammeln oder Streiche zu spielen.

Jetzt schwappt die Begeisterung über das schauerliche Spiel wieder zurück über den großen Teich. Aber wer mitfeiern will, muss erst einmal Kraft und Geschicklichkeit walten lassen. Denn Kürbisschnitzen ist nicht so einfach. Die Früchte schützen sich mit zäher Schale. Ein scharfes Messer ist nötig, damit Gesichter entstehen. Am besten eignen sich Sägemesser oder robuste kleine Kürbissägen, um an den vorgezeichneten Linien künftiger Fratzen entlang zu fahren. Kürbissägen werden oft im Set zusammen mit stabilen Schabern angeboten. Mit ihnen lassen sich die Kerne und das lockere Faserfleisch gut entfernen, das rasch zu Fäulnis neigt, wenn es ungeschützt der Luft ausgesetzt ist. Ein stabiler, scharfer Löffel tut es aber auch.

Die großen, eher glattschaligen Kürbissorten wie 'Racer', 'Aspen' oder 'Pricewinner' eignen sich besonders gut zum Schnitzen. Sie ruhen dank ihrer runden, oben und unten etwas abgeflachten Form stabil. So darf man bedenkenlos Kerzen in ihnen entzünden. Das schön gelbe Kürbisfleisch lässt die Flamme noch mal so warm in die Herbstnacht leuchten. Schnitzen lassen sich aber auch die gespenstisch grauweißen Kürbisse wie 'Lumina' oder schön marmorierte dunkelgrüne Sorten wie 'Sweet Delight'. Deren Name macht deutlich, dass die Halloween-Kürbisse nicht nur das Auge erfreuen, sondern – richtig zubereitet – ausgesprochen schmackhaft sind.

Während der traditionelle große Gartenkürbis 'Gelber Zentner' eher fade schmeckt und vorwiegend zum süßsauer Einlegen genutzt wird, entdecken Feinschmecker klein- und mittelfrüchtige Sorten für gefüllte Kürbisse, Kürbisschnitzel, -suppen, -Pies und -Puddings. Mit

ihnen lässt sich Dekoration und späterer Genuss hervorragend kombinieren. Auf der Fensterbank, in Schalen oder einfach so auf dem Tisch arrangiert halten sie sich lange, bis sie schließlich, fürs Herbstmenü gegart, auf den Tisch wandern.

Orange leuchtet zum Beispiel der Mini-Kürbis 'Wee-B-Little' wie ein perfektes Abbild der großen Kürbisse. Nur 10 cm groß werden 'Baby Boo' und 'Jack be Little', weiß der erste, gelb der zweite, beide stark gerieft. Als „Suppentassen" sind sie unübertroffen. 'Sweet Dumpling' fällt durch die hübschen grünen Flecken und Streifen auf weißem Grund auf. Leichtes Mandelaroma wird ihm nachgesagt. Auch der 'Kleine Türkenturban' ist ein vorzüglicher Speisekürbis, obwohl man es kaum übers Herz bringt, ihn zuzubereiten. Allerdings schlägt den essbaren Kürbissen ohnehin gegen Ende des Winters die letzte Stunde. Sie fallen zusammen, um ihre Samen freizusetzen. Wohl dem, der rechtzeitig vorher vom optischen auf den kulinarischen Genuss umgeschwenkt ist.

Die eigentlichen Zier-Kürbisse sind dauerhafter. Sie besitzen eine so harte Schale, dass sie – trocken aufbewahrt – innen meist völlig eintrocknen. So lassen sich die Kronen, Fliegenden Untertassen und Turbane, die birnenförmigen, flaschenförmigen, herzförmigen Früchte schier unbegrenzt aufbewahren. Dann kontrastiert Gelb dauerhaft mit Dunkelgrün, Orange mit Weiß. Zartes Rosa schimmert neben edlem Blaugrau. Flecken, Tupfen, Linien überziehen matt glänzende Kürbishaut, Warzen wölben sich bizarr, Riefen geben Regelmäßigkeit. Vorraussetzung für die andauernde Freude an den eigentümlichen Gestalten ist allerdings, dass die Früchte unverletzt sind und völlig ausgereift geerntet wurden. Das ist erst der Fall, wenn der Stiel trocken geworden und verholzt ist.

HERBSTFÄRBUNG

Das große Umräumen

„Bunt sind schon die Wälder ...“, aber nicht nur sie. Auch Gärten, Straßenbäume und Parks schimmern in Herbstfarben. Alljährlich vollzieht sich das Schauspiel der Herbstfärbung. Dann leuchten die Linden goldgelb, die Ahorne rötlich, die Buchen bekommen ein warmes Braunrot. Sogar die Lärchen ziehen sich – als einzige unter den heimischen Nadelbäumen – ein gelbes Kleid an.

Schön ist dieses bunte Bild, aber keineswegs so selbstverständlich. Schließlich macht ein Großteil der Gehölze den alljährlichen Wandel gar nicht mit. Fichte und Wacholder, Efeu und Buchsbaum behalten ihre Nadeln und Blätter. Fünf Jahre hängen die Nadeln an den Kiefern, bevor sie abfallen. Elf Jahre lang schmücken sie die Tannen, sofern Luftschadstoffe sie nicht vorzeitig rieseln lassen. Verglichen damit erscheint der alljährliche Blattwechsel pure Verschwendung. Dennoch hat sich die weitaus größere Zahl der Gehölze irgendwann einmal dafür „entschieden“. Und der Erfolg gibt ihnen recht. Hätte der Mensch nicht eingegriffen, bestimmten Laubmischwälder, Eichen-Birken-Wälder, Erlenbruchwälder das Bild unserer Landschaft. Nur hier und da würde sich ein immergrünes Gehölz dazwischen mischen. Die eigentlichen Nadelbaumwälder konzentrierten sich auf schwierigere Standorte hoch oben in den Bergen.

Große dünnhäutige Blätter, die ungehindert Sonnenwärme auffangen können, sind eben leistungsfähiger als dick gegen Winterkälte gepanzerte oder nadeldünne. Kahle Äste brechen weniger leicht unter der Schneelast als dicht benadelte oder mit Blättern besetzte. Außerdem ist das Abwerfen der Blätter ein natürlicher Reinigungsprozess. Alles was an Schädlingen, an Schadstoffen, an Staub sich auf den Blättern gesammelt hat, fällt im Herbst zu Boden und verrottet. Die kommende Blattgeneration startet sauber und gesund ins neue Frühjahr.

Natürlich setzen die Bäume und Sträucher alles daran, den Energie-Verbrauch beim Blattwechsel so gering wie möglich zu halten. Sie trennen sich nicht einfach von ihrem grünen Gewand. Über Wochen hinweg wird sorgsam alles aus den Blättern geräumt, was sich noch verwerten lässt. An vorderster Stelle steht das Kraftwerk der Blätter, das Chlorophyll. Es zerfällt in transportable Stücke und wird mit dem Saftstrom fortgetragen. Mit jedem Tag verschwindet der grüne Farbton mehr. Jetzt werden die gelben und orangen Farbstoffe sichtbar, die Carotine und Xanthophylle, die das Chlorophyll vorher verdeckte. Sie lassen sich schwerer zerlegen und werden erst nach dem Chlorophyll abtransportiert. In der Zwischenzeit lassen sie die Blätter gelb und orange leuchten. So entsteht das Goldgelb des Tulpenbaums (*Liriodendron tulipifera*), das klare Gelb der Zaubernuss (*Hamamelis mollis*) oder das Orange der Vogel-Kirsche (*Prunus avium*).

Die roten Farbtöne sind damit aber noch nicht erklärt. Sie haben ihre Ursache in den großen Temperatur-Kontrasten zwischen sonnigen Tagen und kühlen Herbstnächten. Tagsüber produziert das noch verbliebene Chlorophyll, von der Sonne angekurbelt, auf Hochtouren Traubenzucker. Nur verbrauchen können die Blätter ihn nicht mehr.

Die nächtliche Kühle bringt den Stoffwechsel in den Blattzellen nahezu zum Erliegen. Daher reichert der Zucker sich in den Zellen an und verbindet sich mit im Zellsaft gelösten roten und blauen Pigmenten, den Anthocyanen. Jetzt schillert der Zucker rot, violett oder gar blau und die Bäume tragen Rot und Purpur – je mehr Zucker vorhanden ist, desto intensiver.

Das glühende Rot des amerikanischen Indianersommers entsteht so: Zucker-Ahorn (*Acer saccharinum*), Rot-Ahorn (*Acer rubrum*) oder Feuer-Ahorn (*Acer tataricum* subsp. *ginnala*) haben den Hauptanteil daran. Aber auch die zierlichen japanischen Ahorn-Arten, Fächer-Ahorn (*Acer palmatum*), Schlangenhaut-Ahorn (*Acer davidii*) und Japanischer Ahorn (*Acer japonicum*), die gerade für kleine Gärten interessant sind, schmücken sich mit Rot. Genauso der Wilde Wein (*Parthenocissus*), dessen Blätter umso stärker leuchten, je mehr sie der Sonne ausgesetzt sind.

Der Amberbaum (*Liquidambar styraciflua*) schöpft sogar aus jedem der Farbtöpfe. Von schwärzlichem Purpur über Rot, Orange bis zu klarem Gelb spielt er alle Töne durch. Damit man seine Herbstschönheit genießen kann, sollte der mittelgroße Baum frei stehen. Wer nicht ganz so viel Platz hat, findet in der Parrotie (*Parrotia persica*) eine ähnlich vielfarbige Alternative. Oder man erfreut sich am Dunkelrot des Korkflügelstrauches (*Euonymus alatus*), am Orange bis Scharlachrot der Sachalin-Kirsche (*Prunus sargentii*) oder am Orange der Felsenbirnen (*Amelanchier laevis* oder *Amelanchier lamarckii*). Für jede Gartensituation gibt es den richtigen Herbstfavoriten, der die letzten schönen Tage des Jahres zum Leuchten bringt.

Lässt das große Glühen im Garten bereits nach, erfreuen noch ein paar Nachzügler mit ihren Farben. Der Koreanische Schneeball (*Viburnum carlesii*) zum Beispiel schmückt sich oft noch orange-rötlich, wenn es ringsum schon kahl geworden ist. *Cotoneaster bullatus*, ein elegant und locker aufrecht wachsender Vertreter der Zwergmispeln, lässt es auch nach den ersten Frösten noch orange-rotbraun leuchten. Sogar der kleine Braut-Spierstrauch (*Spirea × arguta*) hält bei den späten Herbstfarben noch mit gelben Blättchen mit.

FARNE *Urzeitliches für Garten und Fensterbank*

Farne sind ein lebendiges Stück Erdgeschichte. Wer Nestfarn oder Hirschzungenfarn auf der Fensterbank oder den Goldschuppenfarn im Garten wachsen lässt, darf sich an den ältesten Vertretern des Pflanzenreiches erfreuen. Vor über 300 Millionen Jahren, also lange bevor Säugetiere und Mensch entstanden, bedeckten Farne zusammen mit Bärlappgewächsen und Schachtelhalmen die Erde. Die heutigen Vertreter zeigen nur noch einen schwachen Abglanz der damaligen Riesenpflanzen des Erdaltertums. Faszinierend sind sie dennoch. Und wer sich nicht nur an der grünen Gestalt erfreuen möchte, kann an ihnen auch Entwicklungsgeschichte studieren. Wie der Zwischenschritt zwischen der einfachen Teilung der Bakterien und Algen und der geschlechtlichen Vermehrung der Blütenpflanzen wirkt die Vermehrungsstrategie der Farne.

Farne blühen nicht, gleichgültig ob es sich um den heimischen Frauenfarn (*Athyrium filix-femina*) oder den tropischen Geweihfarn (*Platycerium bifurcatum*) handelt. Jahrhunderte-, wenn nicht jahrtausendelang grübelten die Menschen über die unerklärbare Vermehrung der Farne nach. Nur in der Johannisnacht und dann auch nur für ganz kurze Zeit blühten die Farne, so meinte man. Der noch in der gleichen Nacht entstehende Samen sollte unsichtbar machen, Glück bringen und vor dem Verhext-Werden schützen. Wer sich um Mitternacht schweigend und nackt mitten im Walde auf einen Kreuzweg stellte, dem würde der Teufel Farnsamen bringen. Nüchtern denkende Botaniker glaubten schon damals nicht daran. Nur lüften konnten sie das Geheimnis der Farnvermehrung auch nicht.

Das gelang erst Mitte des 19. Jahrhunderts dem Botaniker und Begründer der Pflanzenmorphologie Wilhelm Hofmeister aus Leipzig. Er entdeckte, dass die braunen oder schwarzen Tüpfel, die unter den erwachsenen Farnblättern entstehen, Sporen enthalten. Der Wind trägt sie fort und dort wo er sie niederfallen lässt, wächst, wie Lebermoos dicht an den Boden gedrückt, ein winziger, meist übersehener Vorkeim. An seiner Unterseite bilden sich männliche und weib-

liche Organe. Tautropfen oder Regenwasser reichen aus, damit die Befruchtung mit den männliche Zellen des eigenen oder eines benachbarten Vorkeims klappt. Aus dieser Verbindung wächst der neue Farn heran. Generationswechsel nennt man die Folge von ungeschlechtlicher und geschlechtlicher Vermehrung. So umständlich die Prozedur des Generationswechsels erscheint, so erfolgreich ist sie seit Jahrmillionen.

Sogar im Zimmer kann der filigrane Dreieckige Frauenhaarfarn (*Adiantum raddianum*) damit benachbarte Töpfe erobern. Neben ihm findet man den robusten Aufrechten Schwertfarn (*Nephrolepis exaltata*) häufig in Wohnung und Büro. Bis zu 60 cm lang können seine Wedel werden, die je nach Sorte der gewohnten Pflanzengestalt ein anderes Aussehen verleihen. Schwertfarn wie der trichterförmig wachsende Nestfarn (*Asplenium nidus*), der dekorative Geweihfarn (*Platycerium bifurcatum*) und der graziöse Hasenpfotenfarn (*Davallia bullata*) leben in ihrer tropischen Heimat als Aufsitzer auf Bäumen. Daher hassen alle diese Zimmerfarne stauende Nässe, mögen keinen trockenen Ballen und brauchen Temperaturen über 10 °C.

Der kleine Klippenfarn (*Pellaea rotundifolia*) hat dagegen eher mit zu reichlichem Gießen Schwierigkeiten. Seine rundlichen, ledrigen Blätter verdunsten nicht so viel wie der Blattschopf des Schwertfarns. Vor allem in Winter hält man ihn lieber zu trocken als zu feucht. Seine Temperaturansprüche sind ähnlich gering wie die der vielgestaltigen Saumfarnarten und -sorten (*Pteris*), die sich in jedem kühlen und schattigen Zimmer wohl fühlen.

Ist die Auswahl bei den Zimmerfarnen schon groß, so wirkt die Fülle der Freilandfarne kaum überschaubar. Wer sich auf die Suche nach den richtigen Farnen für seinen Garten macht, sollte Farne mit besonders interessantem Austrieb berücksichtigen. Denn die sich langsam entrollenden Wedel des Goldschuppenfarns (*Dryopteris affinis*, früher *D. borreri*) oder des Glanzschildfarns (*Polystichum aculeatum*) sind ein alljährlich wiederkehrendes Schauspiel. Auch auf einen oder mehrere Farne mit schöner Herbstfärbung sollte man nicht verzichten. Gelb bis kupfrig färbt sich der Pfauenradfarn (*Adiantum pedatum*) und der Perlfarn (*Onoclea sensibilis*) wandelt sein lichtes Grün in schönes Gelbbraun. Auch im Winter grün sind dagegen die Wedel des eleganten Hirschzungenfarns (*Asplenium scolopendrium*, früher *Phyllitis scolopendrium*) oder die des Flaumfederfarns (*Polystichum setiferum* 'Plumosum Densum').

Nahezu alle Freilandfarne gedeihen an halbschattigen bis schattigen, luft- und bodenfeuchten Plätzen. Damit sind sie nicht nur ideale Begleiter von Rhododendren. Mit ihren eindrucksvollen Gestalten können sie auch zur Leitpflanze wenig sonnenverwöhnter Bereiche werden. Meist kann man dann erleben, wie sie von dort aus – ganz ohne Blüte – ihnen zusagende Gartenecken erobern.

Am BARBARATAGE *holt' ich drei Zweiglein vom Kirschenbaum …*

Ungesehen und unangesprochen Barbarazweige zu schneiden, wie es in alten magischen Vorschriften vermerkt ist, gelingt heute wohl kaum noch. Aber der 4. Dezember sollte es schon sein, will man Zweige in die Vase stellen, damit sie pünktlich zu Weihnachten erblühen. Uralt ist der Brauch, an diesem Tag Zweige zu schneiden. Aber der Zauber, das Schwellen und Aufbrechen der Knospen in den dunkelsten Tages des Jahres zu beobachten, wirkt noch immer.

Dem Verständnis unserer Ahnen nach ist der Tag der Heiligen Barbara ein Lostag, also ein magisches Datum, an dem die Weichen für das künftige Schicksal gestellt werden. Weckt man die Aufmerksamkeit böser Geister nicht, kann man die Zukunft ein bisschen beeinflussen oder zumindest den Schleier darüber ein Stückchen lüften. Die Obstbäume spielten am 4. Dezember eine besondere Rolle. Denn während die Menschen sich in die Häuser zurückziehen, Vieh und Ernte sicher in Stall und Scheune verwahrt sind, müssen sie Schnee und Frost draußen überstehen. Vor allem aber sind sie den bösen Geistern ausgesetzt, die in den dunklen Nächten ihr Unwesen treiben. Sie hemmten das Strömen der Säfte unter der Rinde. Als Schutz vor den Geistern umwickelte man in vielen Regionen am Barbaratag die Stämme mit Stroh.

Der Erfolg bestärkte die Menschen in ihrem Tun. Nicht umwickelte Stämme litten viel häufiger unter Frostrissen. Heute wissen wir, dass die extremen Temperaturwechsel in den Vorfrühlingstagen, wenn die Sonne schon viel Kraft hat, die Nächte aber noch sehr kalt sind, die Risse verursachen. Kalken ist der inzwischen gebräuchliche Schutz davor, aber nach wie vor werden Stämme empfindlicher Bäume auch mit Strohmatten umwickelt.

So als wolle man die Bäume nicht völlig der Kälte überlassen, schnitt man außerdem ein paar Obstbaumzweige und nahm sie mit ins Haus. Das Leben, das in ihnen steckt, wurde durch die Wintertage gehütet und ins Neue Jahr hinüber gerettet. Besonders magische Kraft besaßen natürlich Zweige, die sich pünktlich zum Weihnachtsfest mit Blüten schmückten. Sie galten als Zeichen für gutes Gelingen im kommenden Jahr. Man blieb von Krankheiten verschont, Acker und Vieh gediehen und alle Arbeit war gesegnet.

Bald lernte man, dem Schicksal ein wenig nachzuhelfen. Ein warmer Platz am Ofen tat den Barbarazweigen gut. In Gedanken belud man sie mit seinen sehnlichsten Wünschen, so wie die Pflückerin der Kirschzweige in dem eingangs zitierten Gedicht des Lyrikers Martin Greif aus dem 19. Jahrhundert. Dass jemand sie freien möge, wünscht sie sich von den drei Zweigen, dass er jung sei und dass er Geldes genug habe. Aber „Weihnachten vor der Mette zwei Stöcklein nur blühen zur Frist, ich weiß einen armen Gesellen, den nähm' ich wie er ist".

Heute werden neben den Obstbaumzweigen wie Kirsche, Apfel, Birne und Pflaume vor allem Zweige von Ziergehölze geschnitten.

Wer es mit Gehölzen aus dem eigenen Garten versuchen will: Forsythien eignen sich sehr gut, aber auch Braut-Spierstrauch (*Spirea × arguta*) und Mandelbäumchenzweige (*Prunus triloba* var. *triloba*) liefern Blüten zum Fest. Von besonderer Schönheit sind Zierquitten (*Chaenomeles × superba*) mit ihren Schalenblüten in feinen Pastelltönen. Der Kanadischen Felsenbirne (*Amelanchier canadensis*) lässt sich schneeiges Weiß entlocken und die Korkenzieher-Hasel (*Corylus*

avellana 'Contorta') bietet bereits mit geschlossenen Kätzchen eine Augenweide.

Grundsätzlich stehen die Chancen, dass die Barbarazweige aufblühen, nicht schlecht. Zum einen hält die mächtige Barbara als eine der 14 Nothelfer ihre Hand schützend über die Knospen. Aus pflanzenphysiologischer Sicht entscheidender ist, dass der November in der Regel bereits ein paar kräftige Frosttage bringt. Sie lösen den Kältereiz aus, der die innere Uhr der Bäume auf Blühbereitschaft umstellt. Nun warten sie geduldig auf andauernde Wärme, die ihnen signalisiert, dass der Winter vorbei ist. Im Garten passiert das natürlich noch lange nicht. Aber in der warmen Wohnung reichen die 20 Tage zwischen Barbaratag und Weihnachten gerade aus, insbesondere wenn man die Zweige gut anschneidet, sie in lauwarmes Wasser stellt und einen wohl temperierten Platz für die Vase aussucht. So kommt das Signal, dass es nun doch schon „Frühjahr" wird, sicher in den Knospen an und sie beginnen zu schwellen.

Bleibt der Kältereiz aus, nützt alles Hegen und Pflegen nichts. Für die Zweige steht der Winter noch aus. Daher wäre es leichtsinnig, die empfindlichen Blüten vorzeitig zu öffnen. Die Knospen rühren sich noch nicht und vertrocknen schließlich. Wer diese Zusammenhänge nicht kennt, wird nach milden Spätherbsttagen von seinen Barbarazweigen unweigerlich enttäuscht. Gärtner verlassen sich daher beim Schneiden ihrer Obstgehölze, Forsythien-, Zierquitten-, Flieder-, Schneeball- oder Mandelzweige immer weniger auf Petrus Hilfe. Sie holen ihre Blütenzweige schon sehr rechtzeitig vor dem Barbaratag und legen sie erst einmal ins Kühlhaus. Dort erleben sie ihren „Winter" und sind dann richtig eingestimmt, damit sie zuverlässig zum Fest erblühen.

Rätselhafte MISTELN

Den alten Kelten würden die Haare zu Berge stehen, sähen sie die Mistelzweige, die heute in der Vorweihnachtszeit geschlagen werden. Für sie gab es nichts Heiligeres als die Misteln (*Viscum album*), vor allem wenn sie auf Eichen wuchsen. Nur mit goldener Sichel schneidet Druide Miraculix sie, liest man bei Asterix. Die historische Quelle dahinter ist Plinius der Ältere, der im ersten Jahrhundert vor Christi die keltischen Riten rund um die Misteln beschrieb. Gott selbst habe sie vom Himmel herabgeschickt, glaubten die Kelten damals. Der Trank aus der Mistel gebraut, half gegen alle Gifte und machte unfruchtbare Tiere fruchtbar.

Auch die alten Griechen waren von der magischen Kraft der Mistel überzeugt. Persephone öffnete mit einem Mistelzweig die Pforten zur Unterwelt. Äneas tat es ihr gleich. Die Germanen dagegen betrachteten die Mistel eher argwöhnisch. Ein Mistelzweig soll durch Intrigen des bösen Loki den schönen und liebenswerten Gott Baldur getötet haben.

Das Christentum schließlich entdeckte die regelmäßige Kreuzform der Blätter und Zweige für sich. Als „heiliges Kreuzholz" bekommt die immergrüne Pflanze übernatürliche Kräfte und wird teuer gehandelt. Rosenkränze aus Mistelholz sind besonders begehrt. Ein mittelalterliches Handelsbuch verzeichnet den Preis von 450 Gulden für einen derartigen Kranz. So mit dem Segen der Kirche versehen, sollte sie den Teufel abwehren und alles zum Guten wenden.

Die heutigen Bräuche rund um die Mistel spiegeln noch ein wenig davon wider. Geküsst wird unter der Mistel nach alter englischer Tradition, wenn sie zu Weihnachten über der Tür hängt. Als Glücksbringer schickt man sie in Frankreich lieben Menschen mit der Neujahrspost. Und bei uns mischt sie sich immer öfter unter den immergrünen weihnachtlichen Schmuck.

Zeichnen die Mythen und Legenden ein überwiegend positives Bild von der Mistel, bewegt sich die Einschätzung durch die Medizin zwischen gut und böse. Als giftig gilt sie nach heutiger Auffassung

und die Schulmedizin nutzt sie praktisch nicht. Die Homöopathie aber verwendet sie als Mittel gegen Epilepsie, so wie vor ihr römische und mittelalterliche Ärzte das taten. Leonhard Fuchs empfahl sie 1543 in seinem Kräuterbuch gegen „allerley geschwulst". Auch die heutige anthroposophische Medizin schätzt ihre Wirkung bei Tumorerkrankungen. Die stärksten Kräfte sollen Eichen-Misteln entfalten, daher siedelt man in der Schweiz gezielt Misteln auf Eichen an.

Viel Erfahrung und gärtnerisches Know-how ist nötig, damit das gelingt. Auf anderen Gehölzen, zum Beispiel auf Apfelbaum, Weißdorn, Weide oder Pappel klappt das schneller. Sogar im eigenen Garten lässt sich der Halbschmarotzer ansiedeln, der seinem Wirtsbaum Mineralstoffe und Wasser stiehlt. Die Assimilation, also die Verwandlung von Wasser und Kohlendioxid mit Hilfe von Sonnenenergie in Kohlenhydrate, übernimmt er mit dem Chlorophyll in Blättern und Stängeln selbst. Dadurch unterscheidet er sich von den so genannten Vollschmarotzern wie Teufelszwirn (*Lycium europaeum*) und den Sommerwurz-Arten (*Orobanche*), die kein Blattgrün besitzen und sich daher auch aus dem Energievorrat der Wirtspflanze bedienen.

Allzu wertvoll sollte der Baum, den man zur Ansiedlung der Mistel auswählt, trotzdem nicht sein. Denn zur kräftigen Kugel herangewachsen, bleibt für den Zweig, auf dem sie sitzt, kaum noch genug Kraft, um die eigenen Blätter, Blüten und Früchte zu ernähren. Aber bis es so weit ist, vergehen viele Jahre und notfalls schneidet man die Immergrüne einfach als Weihnachtsschmuck.

Eine pralle Beere vom Adventszweig liefert den Samen, den normalerweise Vögel verbreiten. Vor allem die Misteldrossel ist auf die weißen Beeren spezialisiert. Die nahrhaften Samen ruhen in einer klebrigen Masse und manch einer heftet sich beim Schmaus auf Schnabel oder Gefieder fest. Auf dem nächsten Zweig muss entsprechend kräftig geputzt und Schnabel gewetzt werden. Und schon klebt der Same auf seinem künftigen Wirt. Wer das Tun der Vögel imitieren will, sollte möglichst einen besonnten Zweig auswählen, denn Misteln sind lichthungrig.

Nun heißt es Geduld haben. Mindestens ein Jahr dauert es, bevor der Same sich zu regen beginnt. Und auch dann passiert noch nicht viel. Zwei Saugwürzelchen wachsen und schieben sich ins Holz. Im Jahr drauf entstehen zwei Primärblättchen. Im dritten Jahr verzweigt sie sich zum ersten Mal und entwickelt die typischen Mistelblättchen. Jahr für Jahr folgt nun Verzweigung auf Verzweigung. So entsteht sehr langsam die kugelige Form. Nach 30 Jahren hat sie gerade mal einen Durchmesser von 50 cm erreicht.

Mit fünf Jahren kann die Mistel das erste Mal blühen. Sie ist zweihäusig, das heißt, es gibt männliche und weibliche Exemplare, die von Fliegen und Schwebfliegen befruchtet werden. Nur die weiblichen tragen die weißen Beeren. Gibt es in der Nachbarschaft keine weiteren Misteln, sollte unbedingt auf mehrere Zweige Samen geklebt werden, sonst wird es später nichts mit den weißen Perlen.

Den charakteristischen Mistelwuchs zeigen aber auch die männlichen Exemplare. Zweige für die Advents- und Weihnachtszeit liefern sie genauso wie die weiblichen. Und die Angebetete küssen darf man unter ihnen auch.

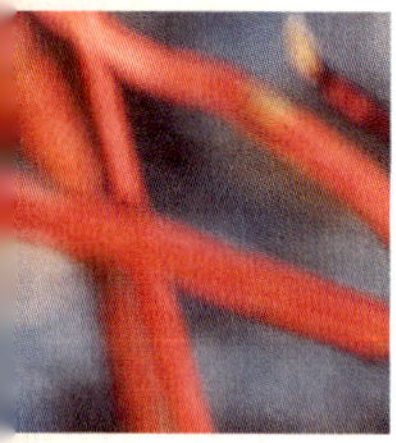

Die Farben der RINDE

Die Blätter sind zusammengefegt. Der Garten ruht. Nichts unterbricht die trostlose graue Stimmung. Wirklich nichts? Rot leuchtet der Blutrote Hartriegel aus der Hecke. Gelb wiegen sich die Zweige der Weide im Wind. Wenn es keine Blüten und kein buntes Laub gibt, dann tritt die Farbe und Struktur der Rinde hervor. Und wer bereits beim Pflanzen der Bäume und Sträucher an den Winter gedacht hat, dem bietet sich nun Erstaunliches.

Rot, orange, gelb, rotbraun, weiß, gelbgrün können Rindenfarben strahlen. Es gibt auch edles Silbergrau und Lackschwarz. Bei einigen Gehölzen löst sich die Rinde in auffälligen Streifen, andere zeigen kräftige Riefen und Strukturen, die die Wintersonne plastisch hervortreten lässt. Viel Potenzial also für einen wahrhaft ansehnlichen Garten im Winter.

Wer sich mit den Farben der Rinde beschäftigt, der stößt als erstes auf ein Allerweltsgehölz. Ausgerechnet der sonst so unscheinbare Hartriegel zeigt sich in den glühendsten Winterfarben. In Abpflanzungen und frei wachsenden Hecken findet man ihn häufig. Schon die beiden Arten *Cornus alba*, der Weiße Hartriegel, und *Cornus sanguinea*, der Blutrote Hartriegel, schmücken sich mit auffälligem Rot. Gärtnerische Züchtung hat sie weiter intensiviert. *Cornus alba* 'Sibirica' zeigt Korallenrot, die Sorte 'Winterbeauty' Gelborange und Rot. Mit *Cornus alba* 'Kesselringii' gibt es eine auffallende purpurschwarze Variante.

Namen wie 'Midwinter Fire', 'New Red' und 'Magic Flame' beschreiben treffend die rot-orange Rinde. Alle drei Sorten stammen von *Cornus sanguinea* ab. Wer mehr frühlingsfrische Farben liebt, wird sich zur gelblich grünen *Cornus sericea* (früher *C. stolonifera*) mit der Sorte 'Flaviramea' hingezogen fühlen. Wissen muss man, dass die ein- bis zweijährigen Zweige die intensivste Tönung besitzen. Hartriegel sollte daher regelmäßig zurückgeschnitten werden.

Den Farben des Hartriegels machen Ahorn-Sorten Konkurrenz. *Acer × conspicuum* 'Phoenix' besitzt feurig orangerote Wintertriebe,

die zusätzlich durch weiße Streifen lebendig wirken. *Acer palmatum* 'Sangokaku', auch als Korallenrinden-Ahorn bezeichnet, steht ihm mit leuchtendem Rot kaum nach. Ein wenig matter kommt *Acer griseum* daher. Der warme Braunton brachte ihm den Namen Zimt-Ahorn ein. Besonders lebendig wirkt die Rinde durch die langen Streifen, in denen sich die äußere Haut abrollt.

Wintervergnügen bereiten auch etliche der Zierkirschen. An warmem, glänzendem Braungelb darf sich erfreuen, wer die Amur-Traubenkirsche (*Prunus maackii*) gepflanzt hat. 'Amberbeauty' ist eine farbintensive Sorte, deren Stamm und Äste ein schönes Goldgelb überzieht. Die Mahagoni-Kirsche (*Prunus serrula*) führt die schöne Rindenfarbe bereits in ihrem Namen. Wie poliert wirkt die seidige Haut, über die die Finger gern dahinstreichen. Am besten steht sie daher in erreichbarer Nähe am Weg.

Die ganze Palette der Sonnenfarben lässt sich auch mit den Weiden durchspielen. Am bekanntesten sind wohl die lebhaft gelben Zweige der Trauer-Weide (*Salix alba* 'Tristis'), die wie Sonnenflecken in großen Parks erscheinen können. Die Dotter-Weide (*Salix alba* 'Vitellina') ist eine besonders schöne goldgelbe Auslese, die Sorte 'Chermesina' eine in Rotorange.

Meist geraten die Abkömmlinge der *Salix alba* für den heimischen Garten etwas zu groß. Eine Alternative ist die Spitzblättrige Kaspische Weide (*Salix acutifolia* 'Pendulifolia'). Maximal 6 m Höhe erreicht sie und zeigt schönes Dunkelrotbraun. Noch zierlicher wächst *Salix integra* 'Hakuro Nishiki' heran, die vor allem wegen ihres zartrosa Austriebs und des grünweiß marmorierten Laubs geliebt wird. Allwinterlich präsentiert sie sich als kleiner orangeroter Strauch. Bei ihr wie bei allen anderen Weiden sind es wiederum die Jahrestriebe, die die intensivste Färbung bekommen. Regelmäßiger Rückschnitt sorgt für reichliche Verjüngung. Das Frühjahr ist die richtige Zeit dafür.

Von all dem Rot, Gelb und Orange heben die Birken sich mit ihrem schönen Schwarz-Weiß-Kontrast ab. Das strahlendste Weiß zeigt die Himalaya-Birke (*Betula utilis* 'Doorenbos'). Ein wenig sanfter erscheinen Papier-Birke (*Betula papyrifera*) und Hänge-Birke (*Betula pendula*). Bei der Gold-Birke (*Betula ermanii*) mischen sich Rosa- und Cremetöne hinein. Kupferfarben schimmert die Chinesische Birke (*Betula albosinensis*). Verstärkt werden die verschiedenen Weißnuancen durch die sich in Streifen ablösende Außenhaut. Wer das Bild erwachsener Birken vor Augen hat, weiß, ihre schönsten Farben entstehen erst mit zunehmendem Alter. Schnitt ist bei ihnen daher nicht angebracht.

EFEU *Altbekannt und voller Überraschungen*

Wer kennt ihn nicht, den Efeu mit seinen fünfzipfligen Blättern. Er besiedelt den Waldboden, klimmt Bäume hinauf, überzieht Hauswände und Mauern, schmückt Gräber und Vorgärten. Auch als Zimmerpflanze ist er beliebt, macht sich im Balkonkasten breit und ist praktisch allgegenwärtig. Dennoch steckt er voller Überraschungen und gibt Rätsel auf wie kaum eine andere Pflanze.

Das fängt schon mit der Wuchsform an. Efeu entwickelt nicht nur kleine fünflappige Blätter und elastische Triebe, die über den Boden kriechen oder vom Topfrand herabhängen. Sie sind nur die Jugendform der Pflanze, deren Aufgabe es ist, einen stabilen Stamm, eine haltbare Wand zu finden, die sich zum Emporklimmen eignen. Sind die Triebe in der Höhe angekommen, entsteht die Altersform. Die Blätter werden größer, glänzender, bekommen eine nahezu viereckige Form. Statt der langen, elastischen Ranken wachsen jetzt kurze, verzweigte Triebe, die sich ohne Hilfe von Mauer oder Wirtsbaum aufrecht recken. Efeu steht mit diesem Strategiewechsel nicht allein. Auch die kleine Kletter-Feige, *Ficus pumila*, entwickelt eine vergleichbare Altersform, sobald die Pflanze sich ihren Platz an der Sonne erobert hat.

Mit dem Erscheinen der Altersform kommt der Efeu sichtlich zur Ruhe. Nun ist Zeit zum Blühen. Aber nicht die warme Jahreszeit hat er sich dafür ausgesucht, nein, ausgerechnet den Oktober/November. Ein Relikt aus der Kreidezeit, als in Europa tropische Temperaturen herrschten und der Winter den Vorfahren unseres Efeus optimale Wachstumsbedingungen bot, so erklären Wissenschaftler die ungewohnte Blütezeit. Aber der Efeu hat es auch gar nicht nötig seinen Lebensrhythmus zu ändern. Mit seiner späten Blüte ist er praktisch konkurrenzlos. Alle anderen Blüten sind bereits gestorben oder verwelkt. So kann er sich bunte Farben und aufwendige Blütenblätter sparen. Dafür triefen die verdickten Griffel vor Nektar und sind entsprechend begehrt. Wespen, deren Staat sich bereits aufgelöst hat, finden hier letzte Nahrung. Fliegen, Schwebfliegen, Bienen und

Käfer, die an warmen Spätherbsttagen noch einmal unterwegs sind, laben sich an der Kraftquelle. Und schon bald zeigt das Anschwellen des Fruchtknotens, dass die Strategie des Efeus erfolgreich war.

Den ganzen Winter hindurch wachsen die Früchte. Im Frühjahr, wenn andere Pflanzen noch keine Beeren bieten, sind sie reif und kommen den Drosseln gerade recht. Sie verdauen aber nur das Fruchtfleisch, die harten Samen scheiden sie wieder aus. Und da diese Vögel gern in Bäumen, Sträuchern und auf Mauern sitzen, ist die Wahrscheinlichkeit groß, dass die Samen auf einen Platz fallen, von dem aus sie ihren Keimling problemlos auf den Weg in die Höhe schicken können.

Mit dieser Strategie hat der Efeu sich ein ungeheuer großes Areal erobert. Wild kommt er von Europa bis Westasien vor. Meist dominiert der kleinblättrige heimische Efeu (*Hedera helix*). *Hedera hibernica* stammt aus Nordirland und *Hedera colchica* findet man im Kaukasus, auf der Krim, in Nordanatolien und Frankreich. Von den beiden letzten stammen die meisten großblättrigen Efeutypen ab. Sie sind nicht ganz so winterhart wie der heimische Efeu, der noch mit Temperaturen unter −20 °C zurechtkommt, sofern ihm nicht Wintertrockenheit zusetzt wie im strengen Winter 1996/97.

Allerdings verfügen auch die Sorten von *Hedera helix*, die heute den Markt bestimmen, nicht mehr alle über die Kälte-Unempfindlichkeit der wilden Verwandten. Um sie zu geeigneten Zimmerbewohnern zu machen, wurden sie gezielt auf ihre Wärmetoleranz hin ausgelesen. Topfsorten wie die zierliche weißbunte 'Anna Marie' oder die graugrün, weiß und dunkelgrün gezeichnete 'Eva' sollten daher den Winter lieber drinnen verbringen. Dagegen sind Gartensorten robust und unempfindlich, auch wenn ihre Blattzipfel nur noch fingerartig geformt sind, wie bei der Sorte 'Pedata'.

An den Boden stellt Efeu nur geringe Ansprüche. Er erträgt selbst schattige Standorte und Wurzeldruck und ist erstaunlich unempfindlich gegenüber Trockenheit. Und wer seine Wände hinter einem grünen Efeupelz verbirgt, freut sich außerdem darüber, dass der immergrüne Strauch sich problemlos stutzen und in Form ziehen lässt. Vorwitzige Triebe, die Fenster und Türen erobern wollen, werden einfach abgeschnitten.

WEIHNACHTSSTERNE

Aus dem Herzblut einer aztekischen Göttin

Joel Poinsette hätte es sich nicht träumen lassen, dass Weihnachten ohne Weihnachtsstern eines Tages kaum noch denkbar sein würde. Auch rosa, weiße, cremefarbene und mehrfarbige Sterne waren für ihn nicht vorstellbar. Ihn, den ersten Botschafter der USA in Mexiko, faszinierte das Rot der Pflanze und 1833 brachte er die ersten Stecklinge mit in die USA. Ein Jahr später wuchsen die viel bewunderten Sterne schon in Europa. Als Verbeugung vor dem Botschafter nannte man sie Poinsettie und viele Gärtner nutzen diesen Namen auch heute noch. Inzwischen weiß man aber, dass sie botanisch korrekt *Euphorbia pulcherrima* – schönste Wolfsmilch – heißt.

Sie ist in der Tat die wohl schönste unter den rund 2000 Arten der Gattung *Euphorbia*. Und sie spielt das Verwirrspiel um ihre Blüten noch perfekter als die heimische Mandelblättrige Wolfsmilch (*Euphorbia amygdaloides*), der Christusdorn (*Euphorbia milii*) oder die Bunte Wolfsmilch (*Euphorbia polychroma*). Noch stärker als die anderen Euphorbien täuscht der Weihnachtsstern Riesenblüten vor, wo nur winzige Blütchen sind. Sie sind so unauffällig, dass ohne die Hilfe der intensiv gefärbten Hochblätter kaum Insekten zu ihnen finden würden. Die großen roten Hochblätter dagegen sind von unübertroffener Signalwirkung.

Der Sage nach verursachte die unglückliche Liebe einer aztekischen Göttin das intensive Rot der Weihnachtssterne. Dort, wo das Blut ihres gebrochenen Herzens auf den Boden tropfte, leuchtete es zum ersten Mal. Die Azteken priesen die Pflanze daher als Symbol der Reinheit und der aufopfernden Liebe. Gleichzeitig nutzten sie die Blätter ganz profan als Mittel gegen Hautkrankheiten, sie kochten Milch fördernden Tee für stillende Mütter daraus und extrahierten den roten Farbstoff.

Auch den ersten Europäern, die nach Mexiko kamen, wird die schöne Pflanze aufgefallen sein. Nachgewiesen ist, dass Franziskaner-Mönche sie im 17. Jahrhundert als Schmuck für das Weihnachtsfest nutzten. Vermutlich werden sie die Sterne als Schnittblumen an den Altar gestellt haben, denn mit 2 bis 3 m Höhe ist der wilde Weihnachtsstern als Topfpflanze völlig ungeeignet. Wer Winterurlaub auf den Kanarischen Inseln oder auf Madeira macht, kann die Wuchskraft der Weihnachtssterne in den Gärten bewundern.

Die Begeisterung der Gärtner in den USA und Europa über die schöne Euphorbie hielt sich daher auch erst einmal in Grenzen. Noch in den 1960er-Jahren hatte sie eher als Schnittblume denn als Topfpflanze Marktbedeutung. Zwar reizte die schöne Farbe die Züchter zum Experimentieren, aber der Durchbruch ließ auf sich warten. Nach wie vor war die Poinsettie viel zu groß, brauchte zu viel Platz und war keineswegs immer sicher zum Blühen zu bringen.

Wer wusste schon, dass Weihnachtssterne so genannte Kurztagspflanzen sind? Sie warten mit dem Blühen so lange, bis kürzer werdende Tage das Ende der sommerlichen Gluthitze signalisieren. Erst dann stellt sich die innere Uhr auf Blütezeit um. Vorzeitiger Regen oder – im Zimmer – ausgiebiges Gießen, lässt sie von diesem Lebensrhythmus nicht abweichen. Sie „wissen“, nur in den Wintermonaten

haben die winzigen Blüten die Chance, zu kräftigen Früchten zu reifen und den Nachkommen einen sicheren Start ins Leben zu geben. Daher warten sie beharrlich auf die kurzen Tage.

Seit die Gärtner dieses Geheimnis des Weihnachtssterns entdeckt haben, bekommen die Pflanzen mindestens sechs Wochen lang mehr als 14 Stunden Dunkelheit. Schon eine Straßenlampe oder das Licht beim nächtlichen Kontrollgang durch das Gewächshaus lässt die Blätter nur unvollkommen rot werden. Heute verdunkeln die Gärtner die Gewächshäuser allabendlich mit schwarzen Folien und schirmen

Störlicht ab. Experimentierfreudige stülpen zu Hause jeden Abend einen Karton über ihren Stern vom Vorjahr und können dann beobachten, wie die Blätter sich verfärben.

Auch die Länge ist heute kein Problem mehr. Aktuelle Sorten wie 'Sonora', 'Cortez' oder 'Freedom' wachsen kompakt und mehrfaches Stutzen zwingt die Pflanzen, sich zu verzweigen. Außerdem versetzen die Gärtner den Wärme liebenden Pflanzen allmorgendlich einen kleinen Kühleschock durch kräftiges Lüften und hemmen auch damit zu starkes Wachstum. Mit Beginn der Blütenentwicklung ist es damit aber vorbei. Dann brauchen Weihnachtssterne rund um die Uhr behagliche Zimmertemperatur. Kühle oder gar Kälte nehmen sie übel. Sie rollen die Blätter ein oder werfen sie sogar ab.

Auch raues Herbst- oder Winterwetter ist Gift für die Mexikanerin. Sicherheitshalber lässt man sie sich gut einpacken, wenn man die Pflanze zu Fuß nach Hause tragen will. Und von Weihnachtssternen, die in Wind und Wetter vorm Laden stehen, lässt man besser die Finger. Ein sicheres Zeichen für gute Gesundheit und gute Qualität sind leicht glänzende, mittel- bis dunkelgrüne Blätter, gut ausgefärbte Hochblätter und Blüten, die noch nicht voll erblüht oder gar abgefallen sind. Werden sie weder zu nass noch zu trocken gehalten und bekommen sie einen hellen Platz ohne pralle Sonne, stehen sie noch lange nach dem Weihnachtsfest im Schmuck ihrer grünen und rot, rosa, creme oder weiß gefärbten Blätter.

GEHÖLZE *mit bizarren Zweigen*
Auffällige Strukturen im winterlichen Garten

Zartes Rosa, Gelb, fast grünliche Töne spielen über den klaren Himmel. Schwarz wie Tuschezeichnungen stehen die Zweige davor. Tiefe Ruhe strahlt der winterliche Garten aus, vor allem in der langen Stunde der Dämmerung, wenn das vergehende Licht immer wieder neue Nuancen hervorbringt. Schnee oder Raureif steigern die Szenerie. Weiß vertieft die Farben, lässt die Pastelltöne des Himmels leuchten und dramatisiert das Grau, Braun, Schwarz oder Grün von Stamm und Geäst. Klar heben sich die feinen Birkenzweige hervor, die strenge V-Form der Zierkirsche 'Kanzan' oder die bogenförmigen Ranken der Strauchrose 'Frühlingsgold'.

Vielen Gartenbesitzern erscheinen die Wintermonate als tote Zeit. Sie meinen, es lohne sich nicht, in den Garten zu gehen. So verpassen sie vier Monate des Jahres, die ähnlich reich an Gartenerlebnissen sein können wie die Sommermonate. Geschickt ausgewählt, können Formen und Strukturen die Rolle übernehmen, die sonst Farben und Düfte spielen. Die Zahl der Gehölze mit ansprechendem, typischem Winterbild ist groß. Die Kornelkirsche (*Cornus mas*) mit ihrem eigenwilligen Wuchs gehört dazu, die Scheinbuche (*Nothofagus antarctica*) mit ihrer unregelmäßigen Gestalt oder der Spindelstrauch (*Euonymus alatus*) mit seinen kräftigen, trichterförmig aufstrebenden Zweigen.

Besonders ins Auge fallen Gehölze mit bizarr gewundenen und gedrehten Zweigen wie die Korkenzieher-Hasel (*Corylus avellana* 'Contorta'), die Korkenzieher-Robinie (*Robinia pseudoacacia* 'Tortuosa'), die Chinesische Korkenzieher-Weide (*Salix matsudana* 'Tortuosa') oder die Lockenweide (*Salix × sepulcralis* 'Erythroflexuosa'). Die Zweige all dieser Sorten wachsen in engen Bögen und Krümmungen. Spontane genetische Veränderungen, die gleichermaßen in Natur wie in Kultur an einzelnen Exemplaren vorkommen können, sind der Grund für den merkwürdigen Wuchs. So sollen beispielsweise alle

Korkenzieher-Haseln auf einen einzigen Zweig mit gedrehtem Wuchs zurückgehen, der 1869 in einer Hecke in England gefunden wurde. Von ihm wurden Stecklinge gemacht, die als Basis der heutigen Bestände dienten.

Wer bei uns wilde Korkenzieher-Bäume sehen möchte, wird im Süntel, einem Mittelgebirgszug nahe Hannover, fündig. Dort wachsen Exemplare der Süntel-Buche (*Fagus sylvatica* 'Tortuosa') mit schlangenartig gewundenen Zweigen. 200 ha groß soll der Bestand gewesen sein, bevor er Mitte des 19. Jahrhunderts als forstwirtschaftlich wertlos weitgehend gerodet wurde. Erst später erkannte man den Wert der Süntel-Buchen als beeindruckende Parkbäume, deren eigentümlicher Wuchs nicht nur in den Wintermonaten auffällt.

So wenig wie man über die Ursachen des Korkenzieherwuchses weiß, so unbekannt ist auch die Entstehung von Verbänderungen, wie sie die Amur-Weide *Salix udensis* 'Sekka' zeigt. Statt schlanker Zweige wachsen bei ihr zentimeterbreite Bänder, die sich an der Spitze gabeln. Sie sind schon im Winter dicht mit Kätzchen besetzt. So entsteht eine markante, locker aufrechte Gestalt, wie sie kein anderes Gehölz besitzt.

Bei der Suche nach außergewöhnlichen Wintergestalten für den Garten sollte man an den „Trauerformen" nicht achtlos vorbei gehen. Unter diesem Begriff fassen die Gärtner Gehölze mit hängenden Zweigen zusammen, die keineswegs traurig wirken müssen. Ein besonders reizvoller Vertreter ist zum Beispiel die Zierkirsche *Prunus subhirtella* 'Pendula'. Sie wächst schirmartig und lässt zarte Zweige vom Rand des „Schirms" herabhängen. *Malus baccata* 'Gracilis' wird manchmal als Lauben-Zierapfel bezeichnet, weil die herabhängenden Zweige eine lockere Laube formen. Nicht nur die hängenden Zweige, sondern auch der malerische Wuchs machen die Weidenblättrige Birne (*Pyrus salicifolia* 'Pendula') zu einem Schmuckstück für den winterlichen Garten. Während Hänge-Buche (*Fagus sylvatica* 'Pendula'), Hänge-Esche (*Fraxinus exelsior* 'Pendula') und die große Hänge-Birke *Betula pendula* 'Tristis' für den normalen Hausgarten zu groß werden, passt die kleine Hänge-Birke (*Betula pendula* 'Youngii') in schmale Vorgärten und sogar in den Kübel.

Die Hänge-Birke im Kübel lässt sich immer genau dort hinrücken, wo ihre hübsche Gestalt besonders gut zur Geltung kommt. Den Standort im Garten sollte man dagegen sorgfältig planen, damit die Wuchsform nicht im Gewirr benachbarter Zweige untergeht. Einzeln vor einer Mauer platziert kommen sie gut zur Geltung. Aber auch der gleichmäßig grüne Hintergrund von Nadelgehölzen oder Rhododendren macht es dem Auge leicht, die Linien der Zweige zu verfolgen. Zu viele der auffälligen Gestalten sollten es aber nicht sein. Sie werten sich sonst gegenseitig ab und wirken nur noch unruhig.

AZALEEN *Die Liebhaberei des Eisenbahnkönigs*

In seinen Treibhäusern wuchsen nicht nur die schönsten und größten Azaleen, Kamelien und Rhododendron, sondern das museale Arrangement schuf Ideallandschaften fremder Vegetation“, schwärmt der Reiseführer „Berlin und seine nächsten Umgebungen“ aus dem Jahr 1855 über das Gewächshaus des Berliner Eisenbahnkönigs August Borsig. Alles was kostbar war im Reiche der Flora hatte der Industrielle in Garten und Gewächshäusern zusammen getragen. Azaleen, heute botanisch *Rhododendron*-Simsii-Hybriden, gehörten selbstverständlich dazu. Erst wenige Jahre vorher waren die prächtigen, großblumigen Sorten entstanden, die das Grün unter einem wahren Blütensturm verschwinden ließen. August Borsig und später sein Sohn halfen mit, ihre Schönheit publik zu machen und sie liehen sogar einer von ihnen ihren Namen: ‘A. Borsig’, gezüchtet vom Berliner Gärtner Franz Bluth.

Rosa bis dunkelrot war die Farbe der ersten Züchtungen, so wie die Stammmutter unserer Topfazaleen, *Rhododendron simsii*, blüht. Sie war bereits 1680 zum ersten Mal nach Europa gekommen. Man wusste aber zu wenig über ihre Lebensbedingungen und so verschwand sie bald wieder. 1768 brachte der französische Arzt und Naturwissenschaftler Philibert Commerson sie ein zweites Mal aus dem fernen Osten mit, auch diesmal ohne anhaltenden Erfolg. Erst der dritte Versuch trug Früchte. 1808 holte Wellbank sie nach Kew Garden, wo erstmals Kultur und Vermehrung gelangen. Um 1820 wurde aus den tastenden Versuchen gezielte Züchtung, bei der wenig später die Franzosen, Belgier und schließlich auch die deutschen Gärtner – vor allem aus dem Dresdener Raum – mitmischten.

Neue schönblütige Sorten entstanden auch durch Einkreuzen von *Rhododendron simsii* var. *vittatum* und *Rhododendron* × *obtusum*. Aber nicht nur auf Kreuzungen können die Züchter bauen. Azaleen neigen auch zu spontanen Veränderungen, so genannten Sports, die völlig abweichende Farben und Formen zeigen können. Rund 2000 Sorten sind seit der Mitte des 19. Jahrhunderts entstanden. Bessere verdrängten gute und noch immer ist das Azaleen-Sortiment in Bewegung. Heute findet man neben allen Schattierungen von Rosa und Rot auch weiße und lachsfarbene, violette und lila Töne. Besonders schön sind zweifarbige Sorten wie 'Dolly', rosa mit weißem Rand, 'Sima' in Weiß mit rotem Rand oder 'Stella Maris' in Weiß mit rotem Auge. Neben den Sorten mit großen gefüllten oder ungefüllten Blumen, Blüten mit glattem oder gewelltem Rand, findet man zarte, kleinblumige wie die lachsfarbene 'Rokoko' oder die weiß-rote 'Mevrouw Gerad Kint'.

Auch die Blütezeit hat sich verlängert. War sie ursprünglich auf das frühe Frühjahr begrenzt, gibt es heute Azaleen von August bis Ende März. Zu den frühen zählt beispielsweise 'Terra Nova', die von August bis November in Rosa prangt. Von Dezember bis Januar darf man sich am Violett der 'Adonia' oder an der lachsroten, weiß gerandeten 'Doberlug' erfreuen. Dann schließt sich die lachsfarbene 'Hans Geesthüsen' an und die rote 'Tamira' könnte von Februar bis März den Reigen beschließen.

Heikel wie die ersten Azaleen, die nach Europa kamen, sind sie schon lange nicht mehr. Und auch das Rezept, das ein Gartenfreund im „Praktischen Ratgeber für Obst- und Gartenbau" von 1913 veröf-

fentlichte, muss man nicht unbedingt befolgen. Er schrieb, er habe seiner Azalee „etwas vom Schweiß des Weihnachtshasens in zwei verdünnten Gaben" verabreicht, mit dem Ergebnis, dass die samtig glänzenden, innen rot getüpfelten Blütenblätter in diesem Jahr einen Schein dunkler als im vorigen Jahre sind. Rhododendrondünger ist zweifellos die bessere Alternative dazu, auch wenn Dünger bei blühenden Töpfen erst einmal unnötig ist. Ihre Pflege beschränkt sich bis zum Ende der Blütezeit auf die ausreichende Wasserversorgung.

Gleichmäßig feucht wollen die Sträucher gehalten werden, die in China und Japan in luftfeuchten Wäldern, Tälern und an Gebirgsbächen wachsen. Stauende Nässe darf allerdings nicht entstehen, sonst faulen die Wurzeln schnell und die Blätter beginnen zu hängen, so als stehe die Pflanze trocken. Gut bewährt hat sich das Tauchbad – je nach Topfgröße ein- bis zweimal pro Woche –, bei dem der Topf sich richtig mit Wasser voll saugen kann.

Ist die Azalee nach Wochen verblüht, zeigen grüne Blättchen, dass nun die Wachstumsperiode beginnt. Wer sie weiter pflegen will, schneidet kurz unterhalb der alten Blütenstände zurück. So behält die Pflanze ihre Form und verzweigt sich gut. Sobald das Wetter es zulässt, kommt der Topf an einen schattigen Platz ins Freie. Rhododendrondünger gibt ihr die Kraft, üppiges Blattwerk aufzubauen und Blüten für den nächsten Winter anzusetzen. Auch jetzt muss der Boden gleichmäßig feucht gehalten werden, obwohl der Begriff Azalee sich vom griechischen *azaleios* für dürr oder trocken ableitet. Die alten Griechen haben bei der Benennung zweifellos die bei ihnen heimische, Laub abwerfende Azalee (*Rhododendron luteum*) vor Augen gehabt. Sie besitzt eine erstaunliche Anpassungsfähigkeit und wächst am Naturstandort sogar im spärlichen Humus von Felsennischen und -fugen. Als Vorbild für die Pflege der Topf-Azaleen aber ist sie denkbar ungeeignet.

Viel Freude an FLEISCHFRESSERN

Die Phantasie spielt uns auch heute noch Streiche, wenn der Begriff Fleischfressende Pflanze fällt. Monsterpflanzen, wie sie Werbung und Karikaturen bevölkern, tauchen vor dem inneren Auge auf. Ein bisschen Gruseleffekt schwingt immer mit, wenn Venusfliegenfalle, Schlauch- und Kannenpflanze gekauft werden. Aber schon bald überwiegt nur noch die Faszination über die „Fleischis“, wie sie oft liebevoll genannt werden.

Der Streit der Wissenschaftler im 19. Jahrhundert war heftig. Pflanzen, die Fleisch fressen, das durfte es einfach nicht geben. Die Naturgesetze standen Kopf. „Wir hoffen, dass der kühle Verstand unserer deutschen Forscher diese Theorie bald wieder in den Kasten des wissenschaftlichen Plunders werfen wird“, schrieb Eduard Regel, Direktor des Botanischen Gartens St. Petersburg, im Jahr 1875.

Aber die Untersuchungen, die Charles Darwin, im gleichen Jahr in seinem Werk „Insectivorous Plants“ veröffentlicht hatte, waren alles andere als Plunder. Akribisch hatte er den auch bei uns heimischen Rundblättrigen Sonnentau (*Drosera rotundifolia*) unter die Lupe genommen und dabei festgestellt: Die Pflanzen fangen tatsächlich Insekten, zersetzen sie mit Verdauungssäften und nehmen sie als Nährstoff auf. Weltweit rund 500 weitere Pflanzenarten machen es dem Sonnentau nach. Sie alle wachsen auf extrem armen Böden – Sand, Moor, Sumpf – und nutzen Insekten als zusätzliche Stickstoff-, Phosphor- und Kaliquelle.

Der Sonnentau agiert wie lebendiger Fliegenleim. Schleimtropfen sind sein Mittel, anfliegende Insekten festzuhalten. Rötliche Drüsen, auf der Spitze langer Tentakeln sitzend, produzieren die klebrige Masse, sondern Verdauungssekret ab und nehmen schließlich die gelösten Nährstoffe auf. Schon die Germanen beobachteten voll Staunen, dass die Pflanze selbst bei glühender Sonne mit Tau besetzt ist. Zauberkräfte mussten dabei am Werk sein. Sintaw, Immerwährender Tau, nannten sie, was später zu Sonnentau wurde. Im Mittelalter taucht er als eines der Widertat-Kräuter auf, die den Zauber von

Hexen und Teufeln brechen, und noch 1714 ist in einem Kräuterbuch zu lesen: „Wer dieses Kraut bei sich trägt, dem mögen seine Feinde keinen Schaden zufügen, sondern sie tun ihm noch dazu Dienst und Freundschaft.“

So verlockend es erscheint, den Sonnentau im nächsten Moor ausgraben sollte heute niemand mehr. Wie die meisten Insektivoren ist er streng geschützt. Aber es gibt ihn (und viele andere Arten) aus gärtnerischer Vermehrung. So gelangen Fans mit gutem Gewissen in den Besitz ihrer Lieblinge.

Um keine Enttäuschungen zu erleben, konzentrieren sich Anfänger auf die robusteren Arten. Zu mehreren in ein Terrarium gepflanzt, lassen sie fremdartige Szenerien entstehen. Aber auch einzeln im Topf auf der Fensterbank, im Garten oder auf dem Balkon gedeihen die robusten Vertreter der Fleischis. *Sarracenia purpurea*, die Schlauchpflanze, zählt zu den klassischen Anfängerpflanzen. Sie entwickelt kräftige, gedrungene Schläuche, aus denen es so verlockend duftet, dass auch heimische Insekten sich neugierig in die Falle begeben. Sie ist einigermaßen winterhart und kann den Winter sogar draußen verbringen. Wärmer liebt es die Venusfliegenfalle (*Dionaea muscipula*), für manche die Fleischfressende Pflanze schlechthin. „Bedrohlich“ sperrt sie die weit geöffneten Fallen dem Betrachter entgegen. Ein Spielzeug ist sie allerdings nicht. Höchstens dreimal kann sich eine einzelne Falle blitzartig um die Beute schließen. Danach stirbt sie ab.

Unter den vielen Sonnentau-Arten geben sich *Drosera aliciae*, *D. capensis* und *D. binata* besonders unkompliziert. Sie wachsen gut bei Zimmertemperatur und erfreuen durch glitzernde Blättchen und filigrane Blütenstände. Eine Fülle kleiner Blüten über grünem Teppich macht den Wasserschlauch (*Utricularia*) attraktiv. Häufig angeboten wird die weiß blühende *Utricularia livida*. Sie will richtig nass stehen. Als Fleischfresser ist sie allerdings nicht gleich zu erkennen, denn sie saugt mit kleinen Fangbläschen an den Wurzeln winzige Insekten und Krebstierchen in sich hinein.

Fast alle Fleischfresser sind Sumpf- und Moorbewohner. Sie brauchen daher ein nährstoffarmes Substrat. Ungedüngter Weißtorf, der ausreichend strukturstabil ist, eignet sich gut. Kalkfreies Gießwasser ist ein absolutes Muss. Sauberes Regenwasser lässt sich verwenden oder man enthärtet selbst. An Stelle häufigen Gießens hat sich Anstaubewässerung bewährt. Das heißt, die Pflanzen stehen in einer wasserdichten Wanne, die 1 bis 2 cm hoch mit Wasser gefüllt wird. Dieses Reservoir hält Substrat und Luft gleichmäßig feucht. Erst wenn das Wasser verbraucht ist, wird wieder nachgefüllt. Viel Licht ist für alle Arten wichtig, denn Schatten werfende Bäume gibt es auf ihren kargen Heimatstandorten nicht.

Am schönsten ist es, die verschiedenen Arten in einer kleinen Moorlandschaft zusammenzupflanzen. Die unterschiedlichen Blatt- und Wuchsformen, die Farben der Blätter, die zierlichen Blüten sind schon für sich ein reizvoller Anblick. Darf man ihnen dann noch bei ihren Überlebenstricks zuschauen, kommt man von der Faszination der Fleischfresser kaum wieder los.

GARTENTRÄUME
für die kommende Saison

Der Garten ist winterfest. Alle Geräte ruhen geputzt im Gartenhaus. Zum Zurückschneiden der Gehölze ist es noch viel zu früh. Im Garten gibt es absolut nichts zu tun. Nur träumen kann man jetzt von der kommenden Gartensaison oder besser noch Pläne schmieden. Was war gut im vergangenen Jahr, was weniger schön? Was wartet dringend auf Veränderung? Welche Neuheiten aus Prospekten und Katalogen müssen unbedingt in den Garten?

Gärten sind nichts Statisches – nicht nur weil wir Menschen von ständiger Sehnsucht nach Neuem geplagt sind. Entscheidender noch sind Wachstum und Lebenszyklus der Pflanzen. Wo die Stauden gestern in praller Sonne standen, wirft mittlerweile die Magnolie Schatten. Entfachten Jakobsleiter, Frauenmantel und Wiesen-Iris früher einen Traum in Blau und Gelb, blüht heute allein die Iris.

Standorte verändern sich, wenn aus kleinen Pflänzchen erwachsene Pflanzen werden. Die wichtigste Rolle kommt dabei den Bäumen und Sträuchern zu. Aber auch mächtige Stauden wie Chinaschilf, *Yucca*, hohe Rudbeckien oder ausbreitungsfreudige Storchschnabel-Arten beanspruchen Platz und verdrängen weniger Wuchsstarkes. Einiges lässt sich teilen und eindämmen, um das frühere Bild wieder entstehen zu lassen. Aber meist heißt es Ausschau halten nach schattenverträglicheren Arten, die mit dem geringeren Sonnenangebot zurechtkommen. Mal sind Feuchte liebende Arten gefragt wie Astilben und Funkien oder der Standort hat sich in Richtung Trockenheit verändert, dann könnte die Mandelblättrige Wolfsmilch (*Euphorbia amygdaloides*) oder sogar wilde Alpenveilchen (*Cyclamen hederifolium* und *Cyclamen coum*) dort gedeihen.

Gleichzeitig ist die Lebenserwartung von Pflanzen sehr unterschiedlich. Fingerhut, Jakobsleiter, Islandmohn und Lupinen sind kurzlebig. Schon nach drei Jahren können sie verschwunden sein. Dafür hinterlassen sie meist eine große Kinderschar, die aber an anderer Stelle auftritt als ursprünglich geplant. Sie am neuen Standort akzeptieren oder umpflanzen, ist dann die Frage. Andere Arten wachsen Jahrzehnte am gleichen Standort und werden immer schöner wie die Pfingstrosen, die Funkien, Yucca oder Herbst-Anemonen. Ihre Begleiter, mit denen sie vor Jahrzehnten farblich so gut harmonierten, haben sich schon längst verabschiedet. Dunkle Winterabende eignen sich gut, in Gartenbüchern nach neuen Partnern für die Veteranen zu suchen.

Am besten zeichnet man den Grundriss des Gartens auf ein großes Blatt Papier. Wege und Plätze werden skizziert, der Teich, die Stützmauer. Die Gehölze trägt man samt Kronenumriss ein. Bei noch nicht ausgewachsenen Exemplaren wird die Endgröße vermerkt. Nur so wird klar, welche Gartenteile jetzt oder in naher Zukunft von ihrem Schatten und Wurzelbereich beeinflusst werden. Wer es per-

fekt machen will, strichelt auch den mit der Sonne wandernden Schatten aufs Papier. Volle Sonne, milde Morgen- und Abendsonne, lichter Schatten und Vollschatten lassen sich so ablesen. Bei alten Gärten wird danach oft klar, dass spätestens in einigen Jahren stärkere Eingriffe nötig werden, damit der Garten nicht zum Wäldchen wird. Weiß man das rechtzeitig, können wertvolle Gehölze durch Umstechen des Ballens auf den Umzug vorbereitet werden.

Ist die Grundstruktur des Gartens festgehalten, geht es ans Detail. Welche Partien waren in welcher Jahreszeit besonders schön? Lassen sich die ansprechenden Gartenbilder ergänzen, in andere Jahreszeiten fortsetzen? Könnte dort, wo Schneeglöckchen, Lenzrosen und Duft-Schneeball bereits für einen zauberhaften Start in den Frühling sorgen, ein weißer Gartenteil entstehen? Lassen sich die Rosen mit einem Hofstaat von Stauden umgeben, die auch die Zeit vor der Rosenblüte attraktiv machen? Gibt es Platz für einen Gartenteich?

Welche Gartenbereiche stellten im vergangenen Jahr weniger zufrieden und woran lag das? Passten die Pflanzen nicht zum Standort? Nicht immer werden Licht, Bodenfeuchte und Bodenart richtig eingeschätzt. Sind Wachstum und Blüte aller Pflege zum Trotz unbefriedigend, hilft nur komplettes Umpflanzen. Der Gartenplan erleichtert die Suche nach dem richtigen Standort.

Harmonierten die Blütenfarben nicht? Müssen Pflanzen nur nach Etikettenfoto ausgesucht werden oder gar lediglich aufgrund einer Farbangabe, birgt die echte Blütenfarbe oft Überraschungen. Das sanfte Orange erscheint viel knalliger, das Violett spielt zu stark ins Purpur. Beim Kauf blühender Pflanzen kann sogar die Erinnerung an bereits vorhandene Pflanzen trügen. Aber nicht immer muss wirklich der Spaten in Aktion treten. Manchmal fehlt nur eine vermittelnde Farbe – grausilberne Blätter, cremig-weiße Blüten – damit die Pflanzung harmonisch wirkt. Vielleicht liegt die Schuld aber auch nur am Witterungsverlauf des vergangenen Jahres. Ein spätes Frühjahr mit sehr rasch steigenden Temperaturen lässt Pflanzen zusammen blühen, die sonst Wochen voneinander entfernt sind. Abwarten ist dann besser als vorschnell umzuplanen.

Sind alle Schwächen und Stärken des Gartens bilanziert, alle Pflanzen notiert, die umgepflanzt, geteilt oder verschenkt werden müssen, ergeben sich meist wie von selbst Lücken, in die Neues einziehen kann: Die altmodisch gefüllte Akelei, der gelbe *Rhododendron*, die zartrosa *Gaura*, die überwältigend duftende Kletterrose – je länger die Zeit der winterlichen Planungen dauert, desto umfangreicher wird die Liste der Gartenwünsche. Das Frühjahr stutzt sie schon wieder auf realistische Größe zurück.

Verzeichnisse

Abbildungen

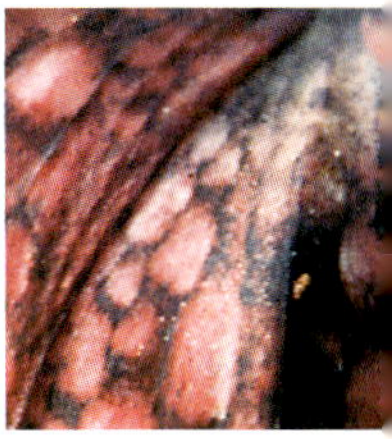

Danksagung

Die Fotografin bedankt sich bei folgenden Gartenbesitzern: S. 1 Ineke Greve, Huys de Dohm, S. 28 Arboretum Ellerhoop, S. 55 Hildegard und Jürgen Caesar, S. 66 Marianne Beuchert, S. 75 Kreislehrgarten Steinfurt, S. 87 Johannes Roth, S. 105 Sichtungsgarten Weihenstephan, S. 141 Hille und Wolfgang Haucke.

Stichwortverzeichnis

Namensregister

Umschlagfoto: Marion Nickig

Bibliografische Information der Deutschen Bibliothek
Die Deutsche Bibliothek verzeichnet diese Publikation in der Deutschen Nationalbibliografie; detaillierte bibliografische Daten sind im Internet über http://dnb.ddb.de abrufbar.
ISBN 3-8001-4790-4

Wollgrasweg 41, 70599 Stuttgart (Hohenheim)
E-Mail: info@ulmer.de
Internet: www.ulmer.de
Lektorat: Agnes Pahler, Dr. Nadja Kneissler
Herstellung: Gabriele Wieczorek
Umschlagentwurf: Michaela Mayländer, Stuttgart
Satz: Typomedia, Ostfildern
Repro: BRK, Stuttgart-Plieningen
Druck und Bindung: Freiburger Graphische Betriebe, Freiburg
Printed in Germany

ISBN 3-8001-4790-4